이 책을,

희망과 기쁨의 노래에 맞춰 함께 춤추시고,

슬픔과 절망의 눈물 속에서 함께 울어주시며,

고통 가운데서도 찬란하고 아름다운 세상을 보여주신,

나의 부모이자 형제, 친구로 늘 곁에 계셨던 주님께 바칩니다.

영혼의 성장을 위한
가톨릭교육

/차/례/

• 토마스 그룸 추천의 글 ··· 4
• 가톨릭교육 이야기를 시작하며 ··· 15

제1부 ● 가톨릭교육의 원리 ··· **19**

　　제1장 • 가톨릭 교육학의 이해 ·· 21
　◘ 가톨릭 세계관 ··· 21
　◘ 가톨릭교육의 원리 ·· 25

　　제2장 • 영적 성장을 위한 가톨릭교육 ································ 37
　◘ 가톨릭적 영성의 의미 ·· 37
　◘ 지금 바로 이 순간의 성사 ·· 40
　◘ 교육학적 영성의 의미 ·· 43
　◘ 영성교육의 주안점 ·· 46
　◘ 초종교적 영성에 반대하는 흐름 ·· 51
　◘ 가톨릭교육에서의 '초종교적' 영성의 문제점과 한계 ······ 53

　　제3장 • 가톨릭교육의 원리와 방법론: 아일랜드의 신앙고백적 종교교육 ······ 64
　◘ 아일랜드의 종교교육 사례 ·· 64
　◘ 아일랜드의 신앙고백적 종교교육 ······································ 71
　◘ '함께 나누는 그리스도인 프락시스' 접근법과 신앙고백적 종교교육 ············· 75
　◘ Godly Play 영성교육 ·· 79

제2부 ● 종교교육 방법론 ·········· 86

제1장 • 체험중심 종교교육 ·········· 92
◎ 이론적 배경 ·········· 92
◎ 종교직 체험의 특징 ·········· 93
◎ 체험중심 종교교육의 예비단계 ·········· 97
◎ 체험중심 종교교육의 활동단계 ·········· 100

제2장 • 신학중심 종교교육 ·········· 108
◎ 이론적 배경 ·········· 108
◎ 신학중심 종교교육의 원리 ·········· 109
◎ 신학중심 종교교육의 활동단계 ·········· 110
◎ 신학중심 방법론의 적용 ·········· 117
◎ 종교로부터의 학습과 내용 구조적 접근 ·········· 120

제3장 • 해석학적 종교교육 ·········· 126
◎ 이론적 배경 ·········· 126
◎ 해석학적 종교교육의 원리 ·········· 129
◎ 해석적 접근의 종교수업에서 고려해야 할 사항 ·········· 140
◎ 교육적 의의와 활용 방향 ·········· 141

제4장 • 영성개발을 위한 종교교육 ·········· 145
◎ 이론적 배경 ·········· 145
◎ 영성과 영성 문해력 ·········· 146
◎ 삼위일체 영성에 대한 입장 ·········· 150
◎ 비판적 영성 종교교육의 원리 ·········· 151
◎ 영성개발을 위한 종교교육 학습모형 ·········· 156
◎ 비판적 영성 종교교육의 한계 및 평가 ·········· 165

• 참고문헌 ·········· 169
• 찾아보기 ·········· 175

/토마스 그룹 추천의 글/

Preface for Jinmin Cho book
Catholic Education for Growth of the Soul

I am honored to write this brief Preface to Catholic Education for Growth of the Soul by Dr. Jinmin Cho. I happily endorse her work because even as the title suggests, she proposes that the primary purpose of Catholic education is to nurture people's spiritual growth. With this proposal I heartily agree, and I recognize Dr. Cho as a "soul-friend."

We ever intend that people receive a good general education in our Catholic schools, one that prepares them for a wholesome life in the world, and to become responsible and contributing citizens for the common good of all. But these pragmatic purposes of Catholic education are grounded in and inspired by great spiritual values. Ultimately, Catholic education intends to nurture persons souls, to ground them in the deep spiritual and life-giving values that define Catholic faith. Those values are to permeate the whole curriculum of a Catholic school, being taught so as to shape students' lives and values, and their whole way of being in the world.

Such a holistic and humanizing purpose requires education that engages and nurtures people's souls - not just their heads but the spirit/Spirit within them. Catholic education does so by consistently posing a Transcendent Horizon for people's lives by which they can find ultimate meaning, purpose, and life-giving ethic. For Catholic Christians, this Horizon is God as revealed in Jesus, God who "is Love," who "is in Love" with us, and who invites us to love all people as "our brothers and sisters." (see 1 Jn 4:7-21). As Jesus made explicit and embodied, this "love command" includes all the personal and social values of God's reign. Though grounded in Catholic faith, such life-giving values are, in fact, universal; they can be embraced by any person and can greatly enhance the life of every society.

As we know well, however, education for such "growth of the soul" is not inevitable, even as we present our schools to the world as "Catholic." Growing the soul requires an intentional education that consistently shapes the identity and values of students by drawing upon deep Catholic faith-based foundations - especially those most relevant to a system of education which identifies itself as Catholic.

For example, such foundations include the life-affirming *anthropology* - understanding of the person - that distinguishes Catholic faith and thus should be integral to the curriculum of Catholic schools. We can say likewise for the *sociology* that should define our schools' curricula and environment, that it be explicitly aimed at promoting the common good within the school and in society. Likewise, Catholic faith should shape the *cosmology* of our schools' curriculum, nurturing in students a sacramental consciousness that encounters and responds to God in the everyday of life. Catholic faith calls for schools and education that nurtures a *universal* consciousness, to see and care for all people as our sisters and brothers, and likewise "to care for our common home" (Pope Francis). And so on by way of all the spiritual foundations of Catholic education. Dr Cho's text here will encourage implementing such spiritual foundations throughout the curriculum of the Catholic schools of Korea.

(See my *What Makes Education Catholic: Spiritual Foundations* for further elaboration.)

Here, however, I wish to offer an explicit note on the pedagogy that is to distinguish the *religious education* curriculum of Catholic schools. Essentially, the spiritual foundations of Catholicism suggest a religious education pedagogy/catechesis that engages peoples' souls. As my Korean friends and former students can well attest, attention to pedagogy, and particularly to the pedagogy of religious education/catechesis, has been a central theme of my own work and writings across the years. I have been invited to present my work in Korea on many occasions, and have benefitted greatly from the conversations I've had there. I have also been enriched by the conversations I've had with students from Korea who have studied with me at Boston College across the years; here I think particularly of Prof. Clara Kim and Sr. YoonMi Kim.

Likewise, a number of my books have been translated into Korean, beginning with *Christian Religious Education* in 1983 (see the list of my books in Korean below). Dr. Cho has drawn creatively upon my published writings in her manuscript here, and I applaud her good work that often echoes my own.

Here I briefly sound again a note that has distinguished the whole symphony of my work across the years, namely the *pedagogy* I recommend for educating in faith. Many years ago, I named my pedagogy as one of "shared Christian praxis." In recent years, however, I've been using a more explicit designation for such an approach, namely "bringing life to Faith and Faith to life."

A "life to Faith to life" approach encourages a participatory pedagogy that begins with an engaging theme of interest for people's everyday lives and encourages their personal reflections upon it. It then moves to access the Story and Vision of Christian faith as relevant to the overall theme of the occasion. It concludes by inviting people to integrate the Christian Story and Vision into their own lives-in-faith, encouraging them to "see for themselves" what such faith means for them and to make decisions to live such faith in the daily of life.

Now, my crafting of such pedagogy has been informed by some of the great architects and philosophers of education from across the centuries and world. In particular I note that it has found deep echo in Confucian writings and their central emphasis on virtue education. However, more recently I have come to recognize such a "life to Faith to life" approach as amply evident in the very pedagogy of the historical Jesus. Now libraries of books have been written about *what* Jesus taught but precious little about *how* he taught. And while we can recognize a variety of approaches to pedagogy in his public ministry, I believe there is an overall pattern that well reflects a "life to Faith to life" approach to religious education/catechesis.

In the Synoptic Gospels especially but in John as well, Jesus so often begins a teaching event with an example or echo from people's daily lives, a parable or a metaphor from their everyday that they recognize and that can engage their interests and concerns. So, he could begin with a story of people sorting fish, or women baking bread, or farmers sowing seeds, and the list goes on. Such parables and metaphors reflect and engage people's everyday lives.

He then encourages his listeners to reflect for themselves on the focused theme and what they might learn from it, often challenging their old ways of thinking; so the Samaritan is the neighbor, the Prodigal is welcomed home, poor Lazarus goes home to God, and so on. In the midst of such engaging pedagogy, Jesus always offers some specific and deeper instruction from his Gospel for the reign of God and as pertinent to the faith theme he is addressing. And his intent is ever that participants "come to see for themselves" what it means to live as disciples for the Reign of God and to embrace his teaching as their own *living* faith.

Indeed, Jesus was so adept with such a pedagogy that he could represent its movements in a single verse. For example, we can imagine him outside with a group of disciples, and he notices little birds flying around in the air overhead; they prompt his engaging pedagogy. So, "Look at the birds of the air (engaging people's immediate lives); they do not reap or sow, or gather into barns (encouraging their personal reflection); yet your heavenly Father feeds them (specific faith instruction). Are you not more important than many sparrows?" (inviting to see for themselves and make a decision) (see Mt 6:26).

I am confident that *Catholic Education for Growth of the Soul* will encourage such pedagogy throughout Korean Catholic education and particularly for its educating-in-faith/catechesis.

Thomas Groome
Prof. Theology and Religious Education
Boston College
August 2024

Korean translations of Thomas Groome's books
in chronological order

Christian Religious Education (1983) (기독교적 종교교육)
Translator : Ki-Moon Lee

Sharing Faith (1997) (나눔의 교육과 목회) Translator: Mira Han

Educating for Life (2021) (생명을 위한 교육) Translators: Youngkwan Cho, Clara Kyungyee Kim, Jungwon Woo

Will There Be Faith (2014) [신앙은 지속될 수 있을까? Translators: Youngkwan Cho, Clara Kyungyee Kim, Sookhee Lim

And coming soon, *What Makes Education Catholic: Spiritual Foundations,* Translators: Youngkwan Cho, Clara Kyungyee Kim, Jungwon Woo

<토마스 그룸 추천의 글 한글 번역>

조진민 저서 『영혼의 성장을 위한 가톨릭교육』 서문

조진민 박사가 쓴 『영혼의 성장을 위한 가톨릭교육』의 서문을 쓰게 되어 영광입니다. 책 제목에서 알 수 있듯이, 가톨릭교육의 궁극적인 목적은 영혼의 성장에 있음을 저자께서 명확히 하고 있습니다. 저 역시 이 책의 내용에 깊이 공감하며, 저는 조진민 박사를 제 "영혼의 친구"로 여깁니다.

우리는 가톨릭 학교에서 좋은 일반 교육을 받아 세상에서 건전한 삶을 살 수 있도록 준비하고, 공동선을 위해 책임감 있고 기여하는 시민이 되기를 바라고 있습니다. 그러나 가톨릭교육의 이러한 실용적인 목적은 위대한 영성의 가치에 바탕을 두고 영향을 받습니다. 궁극적으로 가톨릭교육은 가톨릭 신앙의 영성과 생명을 주는 가치에 기초하여 사람들의 영혼을 성장시키는 것을 목표로 합니다. 이 가치들은 가톨릭 학교의 전체 교육과정에 기반해 학생들의 삶과 가치관을 형성하고, 또 세상을 어떻게 살아가야 하는지를 생각해 보게 합니다.

전인적, 인간중심적 성장의 교육 목표를 달성하기 위해서는, 머리로 하는 교육이 아닌 내면에 있는 영혼을 살리는 교육이 필요합니다. 가톨릭교육은 사람들의 삶에 궁극적인 의미와 목적, 생명의 가치를 강조하는 윤리를 아우르는 초월적 지평선을 제시함으로써 전인적 성장을 도모합니다. 가톨릭 신자들에게 이 지평은 예수님 안에서 계시된 하느님, 즉 "사람이시며", 우리를 "사랑하고", 모든 사람을 "우리의 형제자매"로 사랑하도록 우리를 초대하시는 하느님입니다 (1요한복음 4:7-21 참조). 예수님께서 분명하게 말씀하시고 구체화하셨듯, 이 "사랑의 명령"에는 하느님의 통치에 대한 모든 개인적, 사회적 가치가 포함됩니다. 비록 가톨릭 신앙에 기반을 두고 있지만, 생명을 주는 가치는 보편적인 가치로서 누구나 받아들일 수 있으며 함께 살아가는 사회를 더욱 발전시킵니다.

우리가 잘 알다시피, "영혼의 성장"을 위한 교육은 우리 학교가 "가톨릭"이라고 세상에 알릴 때 필수적인 요소입니다. 영혼의 성장을 위해서는 가톨릭 신앙에 깊이 기반한 토대, 특히 가톨릭 정체성이 뚜렷이 드러나는 교육 시스템이 필요합니다. 이는 학생들의 종교적 정체성과 가치관을 형성할 수 있는 의도적인 교육을 통해 이루어져야 합니다.

예를 들어, 이러한 기초에는 가톨릭 신앙을 반영하는 삶을 긍정하는 인류학이 포함되며, 이는 가톨릭 학교 교육과정에서 필수적입니다. 학교 교육과정과 환경을 정의하는 사회학처럼, 학교와 사회에서도 공동선을 증진하는 것을 목표로 해야 합니다. 마찬가지로, 가톨릭 신앙은 학교 교육과정 전반에 걸쳐 학생들이 일상에서 하느님을 만나고, 하느님의 은총을 깨닫고 응답할 수 있도록 해야 합니다. 가톨릭 신앙은 모든 사람을 형제, 자매로 여기며, "우리의 공동 가정을 돌보는" (프란치스코 교황) 보편적 의식을 키우는 학교와 교육을 지향합니다. 이것이 바로 가톨릭교육의 영성적 토대입니다. 따라서 조진민 박사의 책은 한국 가톨릭학교 교육과정 전반에 걸쳐 가톨릭교육 영성의 기초를 형성하는 데 큰 기여를 할 것입니다.

(저의 저서 『진정한 가톨릭교육이란 무엇인가: 영성적 기초』를 참조하시기 바랍니다.)

특히 조 박사의 책에서는 가톨릭 학교에서의 종교교육과정을 깊이 이해하고 드러낼 수 있는 교육학에 대해 논의하고자 합니다. 가톨릭 영성의 기초는 사람들의 영혼을 돌보는 종교교육 또는 교리교육에 뿌리를 두고 있습니다. 이는 제 한국 친구들과 제자들이 잘 알다시피, 교육학, 특히 종교교육 및 교리교육에 대한 관심이 지난 수년간 제 연구와 저술의 중심 주제였음을 의미합니다. 저는 한국에서 여러 차례 초청받아 발표를 했으며, 그곳에서 나눈 대화를 통해 많은 도움을 받았습니다. 또한, 보스턴 대학교에서 함께 공부했던 한국 제자들과의 수년간의 대화를 통해서도 많은 것을 배웠습니다. 특히 제 학생인 김경이 글라라 교수님과 김윤미 수녀님을 떠올립니다.

또한 1983년 『크리스천 종교교육』을 시작으로, 제 많은 저서들이 한국어로 번역되었습니다 (아래 한국어 저서 목록 참조). 조진민 박사가 집필한 이 책은 제가 그동안 출판한 글을 창의적으로 발전시킨 작품으로, 저와 유사한 맥락에서 이루어진 조 박사의 훌륭한 저작에 박수를 보냅니다.

여기서 저는 수년에 걸쳐 작업한 신앙 교육을 위한 교육학을 간략하게 소개하고자 합니다. 비유하자면, 이는 전체 교향곡과 같은 포괄적인 작업이었습니다. 수년 전, 저는 제 교육학을 "함께 나누는 그리스도인 프락시스"라고 명명했습니다. 그러나 최근 몇 년 동안, 저는 이러한 교육학 방식을 "신앙에서 삶으로, 삶에서 신앙으로"라는 보다 명확한 명칭으로 표현하고 있습니다.

"삶에서 신앙으로, 다시 삶으로"라는 접근 방식은 신앙적 성찰을 촉진하는 참여형 교육 방법입니다. 이 방법은 먼저 일상 생활에 대한 흥미로운 주제로 시작하여, 그 주제와 관련된 신앙의 이야기와 비전에 접근합니다. 이어서, 신앙의 스토리와 비전을 자신의 신앙 생활에 어떻게 적용할 수 있는지 "직접 확인"하고, 신앙을 일상에서 실천하기로 결심하며 마무리됩니다.

저의 교육학은 수세기에 걸쳐 내려온 위대한 교육학자와 철학자들로부터 영향을 받아 형성되었습니다. 이는 유교의 덕성 교육에서도 찾아볼 수 있습니다. 그러나 역사적으로 예수님이 가르치신 방법을 살펴보면, '삶에서 신앙으로, 신앙에서 삶으로'라는 교육학이 매우 뚜렷하게 드러납니다. 도서관의 책들을 보면, 예수님이 무엇을 가르치셨는지에 대한 연구는 많이 이루어졌지만, 어떻게 가르쳤는지에 대해서는 상대적으로 알려진 바가 적습니다. 우리는 예수님의 공생애를 다양한 교육학적 방법으로 이해할 수 있으며, "삶에서 신앙으로, 다시 삶으로"의 접근법은 종교교육과 교리교육에 효과적으로 적용될 수 있을 것입니다.

특히, 공관복음서뿐만 아니라 요한복음에서도 예수님은 자주 사람들의 관심과 흥미를 끌 수 있는 일상적인 예화와 비유를 통해 가르침을 시작하십니다. 예를 들어, 고기 잡는 어부, 빵을 굽는 여인, 씨를 뿌리는 농부의 이야기로 시작하셨습니다. 이러한 비유와 은유는 사람들의 일상을 반영하며, 그들의 참여를 이끌어냅니다. 이는 복음에서 무엇을 배울 수 있는지를 스스로 생각하게 하며, 때로는 기존의 사고방식을 도전하게 만듭니다. 예를 들어, 선한 사마리아인의 비유, 돌아온 탕자의 이야기, 불쌍한 라자로가 낙원에 가는 이야기가 그러한 예입니다. 예수님은 항상 하느님의 통치를 위한 신앙 주제와 관련된 구체적이고 깊이 있는 가르침을 복음에서 제시하십니다. 비유를 통해 예수님께서 전하고자 하셨던 것은, 하느님의 통치를 위한 제자로서의 삶이 무엇인지 "스스로 깨닫고", 그분의 가르침을 살아있는 신앙으로 받아들이도록 이끄는 것입니다.

예수님은 한 구절로 교육적 원리를 표현할 만큼 교육학에 능숙하셨습니다. 예를 들어, 제자들과 함께 밖에서 머리 위를 날아다니는 작은 새들을 보면서 독창적인 교육법을 떠올리는 장면을 상상해 볼 수 있습니다. 예수님은 이렇게 말씀하셨습니다. "공중의 새를 보라 (사람들이 당면한 삶에 참여하도록 유도). 그들은 거두지도 않고 심지도 않으며 곳간에 모으지도 않으나 (개인적인 성찰을 유도), 너희 하늘 아버지께서 그들을 먹이신다 (구체적인 신앙 교훈). 너희는 많은 참새보다 더 중요하지 않느냐?" (직접 보고 결정을 내리도록 초대) (마태복음 6:26 참조).

저는 『영혼의 성장을 위한 가톨릭교육』 이라는 이 책이 한국 가톨릭교육, 특히 신앙교육과 교리교육 전반에 걸쳐 이러한 교육학을 널리 확산시킬 것이라고 확신합니다.

토마스 그룸
보스턴 칼리지 신학 및 종교교육학 교수
2024년 8월

다음은 토마스 그룸의 저서 중 한국어 번역본을 시간순으로 정리한 목록입니다.

Christian Religious Education (1983)
기독교적 종교교육
번역자: 이기문

Sharing Faith (1997)
나눔의 교육과 목회
번역자: 한미라

Will There Be Faith (2014)
신앙은 지속될 수 있을까?
번역자: 조영관, 김경이, 임숙희

Educating for Life (2021)
생명을 위한 교육
번역자: 조영관, 김경이, 우정원

What Makes Education Catholic: Spiritual Foundations (출판 예정)
번역자: 조영관, 김경이, 우정원

/가/톨/릭/교/육/ /이/야/기/를/ /시/작/하/며/

보잘것없고 힘없는 이, 외롭고 상처받은 자, 가난하고 병든 가장 낮은 자를 사랑하시는 주님,
당신의 이야기를 전하고, 당신에 관한 책을 쓸 수 있도록 허락해 주셨다는 것이 아직도 믿기지 않습니다.
당신은 어둠 속에서 길을 밝혀주신 빛이셨고, 절망 가운데서도 포기하지 않도록 붙들어 주신 저의 간절한 희망이셨습니다.
고통스러워하는 저를 바라보시던 당신의 눈을 저는 결코 잊지 않습니다.
이 책은 초라하고 아무것도 가진 것 없던 저를 이 자리까지 이끌어 주신 주님께 바칩니다.

저는 아일랜드 리머릭이라는 작은 도시에서 살고 있습니다.
매일같이 내리는 비와 함께 3년에 걸쳐 가톨릭 교육학 책을 쓰게 되었습니다.
아일랜드는 가톨릭교육의 오랜 역사와 전통을 갖고 있어 연구 자료가 풍부합니다. 이 책의 이론들이 주로 영국, 아일랜드, 스코틀랜드 배경이 많은데, 이는 제가 석사와 박사 과정을 아일랜드에서 하다 보니 자연스럽게 이 지역의 학문적 전통과 연구 성과가 저의 연구에 큰 영향을 미쳤다고 봅니다. 반면, 한국의 가톨릭교육은 이제 막 시작된 상황이라 제 연구가 한국의 가톨릭교육에 도움이 되기를 바라는 마음으로 작업을 시작했지만, 이 조차도 제 자신의 교만임을 깨닫습니다.

대학교를 졸업한 이후 한국어로 학문적 글을 쓰거나 연구를 해본 적이 없었던 만큼, 많은 노력이 요구되는 시간이었습니다. 이 책을 집필하며 어떻게 구성하고 나아가야 할지 갈피를 잡지 못할 때, 기도는 저의 가장 큰 힘이었

습니다. 집중력을 높이기 위해 지난 긴 시간 동안 단식을 하며 이 책을 완성하기 위해 많은 책과 논문을 읽으며 오직 그분에게 의지했던 시간인 것 같습니다. 아니, 어쩌면, 마음속 깊이 한국을 그리워하던 저에게 오히려 위로가 되었던 것 같습니다. 무엇보다 철저히 홀로 이 책을 쓰며 하느님의 손길을 느끼는 은총의 시간이었습니다.

바라건대 이 책이 가톨릭 교육학 교재로 활용되어, 첫 발을 내딛는 가톨릭 교육학 전공 과목에 새로운 장을 여는 밑거름이 되기를 바랍니다. 교재나 학술 자료, 연구 실적 등 이 분야의 자원이 부족한 한국에 제 책이 작은 도움이 되기를 희망합니다. 비록 저는 아일랜드에서 활동을 이어가겠지만, 한국의 가톨릭 교육학자들과 협력하여 더 큰 발전을 이루어가기를 기대합니다. 내 집과 너네 집을 갈라 고인 물처럼 정체되지 않고, 가톨릭이라는 넓은 공동체 안에서 함께 걸어가며 성장하기를 소망합니다. 더 나아가, 이 책이 종교 교사, 일반 교사, 교리 교사, 그리고 가톨릭 학교 관계자들에게도 유익한 자료가 되기를 바랍니다.

더불어 종교학자 Thomas Groome 선생님께서 과찬의 말씀으로 이 책을 홍보해 주신 것에 큰 영광을 표합니다. 그리고 그동안 아일랜드 교황청 대사관의 참사관으로 계시다가 이제는 가나 교황청 대사로서 대주교가 되신 Julien Kaboré 신부님께도 이 자리를 빌려 감사의 말씀을 드리고 싶습니다. 아일랜드에서 제게 친구가 되어 주시고 항상 따뜻한 격려와 지지를 보내시며 한국에서의 책 출판을 어느 누구보다 기뻐하셨던 신부님께 진심으로 존경을 표합니다.

특별히, 가톨릭대학교 총장 최준규 신부님을 기억합니다. 이 책의 처음부터 끝까지 많은 일을 함께 겪으며 헤쳐 나간 소중한 분이자, 어쩌면 이 책의 공동저자라 할 수 있는 최준규 신부님과 함께했던 시간은 제게 기쁨이자 축복이었습니다. 아일랜드에 있는 저에게 한국의 가톨릭교육을 나누어 주시고, 책 집필의 동기를 심어 주셨습니다. 서럽고 아무도 없는 듯한 이 막막한 길에서, 저를 위해 기도해 주시며 버팀목이 되어 주셨습니다. 최준규 총장 신부님, 감사나 죄송이라는 단어로 그간의 시간을 담아내기엔 부족한 듯합니다. 기쁨과 슬픔, 용서와 화해를 나누는 여정 속에서 한층 더 성숙해질 수 있었고, 함께한 모든 날들은 제 삶 속에 머무를 것입니다.

사랑하는 남편 Stephen Enright와 딸 Clare Enright에게는 어떻게 고마움과 미안함을 표현해야 할지 모르겠습니다. 지난 몇 년 동안 강의와 연구로 인해 해외에 있거나 밤낮으로 책상 앞에만 앉아 있었던 시간이었습니다. 하루 종일 엄마를 보지 못한 날들이 많았을 어린 딸을 생각하면 마음이 늘 아픕니다. 저의 빈 자리를 한결같은 사랑으로 채워준 남편에게, 그리고 엄마의 역할을 함께해 준, 요즘 세상에서 만나기 힘든 헌신적인 의사이자 남편의 여동생인 Phil Enright에게도 감사를 전합니다.

마지막으로, 이냐시오 성인의 기도가 제 숨이 끊어지는 그 날까지 저의 노래가 되기를 희망하며, 이 글을 마무리합니다.

주여 나를 받으소서.
나의 모든 자유와 나의 기억과 지성과 의지와,
저에게 있는 모든 것과 제가 소유한 모든 것을
받아주소서.

2024년 8월
아일랜드에서
조진민

제1부

가톨릭교육의 원리

제 1 장	가톨릭 교육학의 이해
제 2 장	영적 성장을 위한 가톨릭교육
제 3 장	가톨릭교육의 원리와 방법론: 아일랜드의 신앙고백적 종교교육

제1장
가톨릭 교육학의 이해

◇ 가톨릭 세계관

　　가톨릭 세계관은 종교와 인간, 삶의 총체에 대한 가톨릭적 관점을 나타낸다. 종교교육학자 토마스 그룸(Thomas H. Groome)의 세계관을 바탕으로 가톨릭적 관점의 교육적 원리와 방향을 소개하고자 한다. 가톨릭 세계관 속에서 종교교육의 필요성과 가치, 더 나아가 학교의 역할과 교육의 실천방법에는 어떠한 것들이 있는지도 논의한다. 이를 위하여 토마스 그룸은 '현대 세계의 교회에 관한 사목 헌장'「기쁨과 희망」(*Gaudium et spes*, 약칭「사목 헌장」)에 기초하여 현대인들이 겪고 있는 변화를 인정하고, 새로운 학문과 이론 및 현대 문화의 가치에 개방적인 태도를 요구하고 있다. 그는 현대 세계에서 교회의 의미를 신앙실천과 종교교육에 결부시켜, 다음과 같이 여섯 가지 본질적인 가톨릭적 세계관을 제시한다.

1. 긍정적인 인류학(A positive anthropology)

인간은 하느님의 형상을 닮아 창조되었다. 가톨릭적 관점에서의 인간은 하느님의 형상으로 영성적이며 종교적인 존재이자 세계와의 관계성을 지닌 전인적 존재이다. 이 땅에 사람의 모습으로 오셔서 온전한 인간의 모습 속에 신성을 담은 그리스도 안에서 우리는 신성과 인성을 만나는 신비를 체험할 수 있다. 아래의 「사목 헌장」 22항은 인간을 그리스도의 신성과 연합시킴으로써 인간 역시 성스럽고 선한 본성을 가지고 있음을 드러낸다.

> 실제로, 사람이 되신 말씀의 신비 안에서만 참으로 인간의 신비가 밝혀진다. [...] '보이지 않는 하느님의 형상'(콜로 1,15)이신 그분께서는 완전한 인간이시며, 아담의 후손들에게 최초의 범죄 때부터 이지러졌던, 하느님과 닮은 모습을 회복시켜 주셨다. 그분 안에 받아들여진 인간 본성이 소멸되지 않았으므로, 바로 그 사실 때문에 우리 안에 있는 인간 본성도 고상한 품위로 들어 높여졌다. (「사목 헌장」 22항)

2. 은혜로운 세상(A gracious world)

하느님의 세상에 대한 관여와 영원한 사랑을 강조하여, 모든 것이 은총에 의해 존재하고 있음을 나타낸다. 하느님이 창조하신 은혜로운 세상에 대한 은유는 아래 시편 구절에서 볼 수 있다.

> 주님의 것이라네, 온 땅과 그 안에 가득 찬 것들, 온 누리와 그 안에 사는 것들. (시편 24,1)

하느님이 세상을 창조하고 그 안에 있는 모든 것들을 소유하고 계시며, 은혜와 사랑으로 세상을 채워 나가고 계심을 보여 주고 있다. 창조물에 대한 경외와 감사, 그리고 하느님과의 관계를 통해 세상을 바라보는 가치관이다.

> 그분은 만물 위에, 만물을 통하여, 만물 안에 계십니다. (에페 4,6)

이 구절은 창조물에 대한 하느님의 권위, 세계에 대한 하느님의 주관에 대한 이해를 나타내고 있다. 창조주의 존재와 권능을 강조하며, 세상의 모든 것이 하느님에게 속해 있고 그의 은혜 아래에 있다는 가톨릭적 세계관을 반영하고 있다. 이는 창조된 모든 것에 대한 존경과 감사의 마음을 표현하며, 만물이 하느님의 사랑으로 충만하다는 신앙을 나타낸다.

3. 생명을 위한 공동체(A community for life)

하느님의 은총을 드러내는 세상을 만들고자 한다. 말씀과 성령의 충만함을 통해 서로에게 섬김과 나눔을 실천하는 공동체를 형성하는 것이다.

> 보라, 얼마나 좋고 얼마나 즐거운가, 형제들이 함께 사는 것이! (시편 133,1)

서로를 돌보아 주는 이웃사랑으로 더불어 사는 삶을 살고자 한다. 그리하여 하느님 나라에 대한 소망과 비전을 향한 선한 공동체가 되어 가기를 바라는 관점이다.

4. 계승해야 할 전통(A tradition to inherit)

전통적 가톨릭의 가르침을 수용하여 신앙과 역사를 이어 가는 것은 매우 중요하다. 후손들에게 그리스도 신앙, 고유한 영적 유산, 그리고 인류애를 대대로 물려주어야 한다고 보는 세계관이다. 이는 가톨릭적 가치관에 근거하여 세상을 바라보는 관점이다. 특히 성경에 기반한 전통적 가치관을 발전시켜 예로부터 내려오는 고유한 종교문화를 유지하면서 동시에 세상의 문화를 대한다. 오늘날 비록 세속적 영향을 받고 살아가지만 가톨릭 신자만이 가진 고유한 정체성을 상실하지 않고 세상을 살아가기 위해 종교전통의 가치와 실천을 중요시한다.

5. 영성을 지닌 인간(A spirituality for everyone)

아우구스티노 성인(St. Augustine, 354~430 CE)은 "하느님, 제 영혼이 당신 안에 쉬기까지 저는 평안하지 않습니다"(『고백록』 제1권 1장)라는 기도로 『고백록』을 시작한다. 아우구스티노 성인은 모든 인간은 영혼을 지니고 있기에 하느님과의 관계 안에서 평화를 누린다고 말하며 영적 가치와 영혼의 중요성을 강조하였다. 가톨릭적 세계관에 있어서 영성은 인간 존재의 근본적인 것, 절대적인 것, 또한 인간과 하느님의 관계를 맺게 하는 성스러운 것을 특징으로 한다. 영혼을 선사받은 인간은 초월적인 차원에 대한 믿음을 가지고, 인생의 목적을 느끼며 살아간다. 인간이라면 누구나 갖고 있는 이 영성은 종교적이건 아니건, 다양한 시각에서 이해되고 더 높은 수준으로 계발되어야 할 것이다.

6. 가톨릭 개방성(A Catholic openness)

빠르게 변화하는 시대 흐름에 맞춰 민족과 문화의 경계를 뛰어넘는 개방적이고 포용적인 자세가 필요하다. 가톨릭 정신에 기반하여 인적 문화 교류를 확대해 다양한 분야에서 소통이 이루어지도록 해야 할 것이다. 「사목 헌장」의 가르침은 오늘날의 현대사회에서 요구되는 진취적이며 변화에 개방적인 가톨릭 세계관을 형성하는 데에 중추적인 역할을 한다.

> 여러 민족과 사회 집단 사이의 교류 증대로 다양한 형태의 문화적 보화가 모든 사람과 개인들에게 더 널리 개방되고, 이렇게 하여 다양한 문화의 개성을 보전하면 할수록 더욱더 인류의 일치를 증진하고 표현하는 더욱 보편적인 형태의 인간 문화가 마련되어 간다. (「사목 헌장」 54항)

◈ 가톨릭교육의 원리

가톨릭교육은 성경, 신학, 그리스도교 전통에 근거하여 인간의 삶에 대한 가톨릭적 성찰과 함께 하느님과 올바른 관계를 추구하는 학문적 특징을 지니고 있다. 이러한 학문적 정체성에 기초하여 모든 교육 분야를 성경적 진리에 의거하여 이해하고 가르친다. 가톨릭교육은 단순한 지식의 전달이 아니라 신앙의 진리와 생활방식을 받아들여 하느님의 형상을 닮은 완전한 인간의 삶을 살기를 궁극적인 목적으로 한다. 이와 관련하여 조셉 오키프(Joseph O'Keefe)의 가톨릭교육의 원리와 특징을 살펴보며 가톨릭학교 종교교육 현장에서 추구해야 하는 가치와 방향을 생각해 본다.

═ 가톨릭교육의 5가지 원리 ═

1. 기도는 곧 신앙(Lex orandi, lex credendi)

"기도의 법칙(lex orandi)이 신앙의 법칙(lex credendi)이다." 이 표현은 가톨릭 신앙의 유명한 금언으로 교황 첼레스티노 1세(422~432년)가 쓴 것으로 알려져 있다. 기도의 규칙이 곧 신앙의 규칙이라는 의미로, 어떻게 기도를 드리느냐에 따라 올바른 신앙생활과 믿음으로 이어진다. 모든 기도는 신앙에 바탕을 둔 것으로 전례와 신앙과의 관계를 제시한다. 기도를 비롯한 미사, 성사, 예식 등 온전한 전례를 통하여 하느님을 경배하고 감사와 찬미를 드리는 것으로, 이 라틴어 표현은 신앙과 전례 사이의 특별한 관계를 나타낸다.

가톨릭교육은 학교 내의 모든 행사가 전례력에 따라 이루어지며 학생들은 전례 행위를 통하여 하느님을 만나고 파스카 신비에 참여하도록 초대된다. 가톨릭 신앙에 있어 전례의 궁극적인 목적은 하느님께 영광을 드리고 인간 자신을 거룩하게 하는 데 있다. 그러나 전례의 부분적 요소에 불과한 외적인 형식과 절차만으로는 전례의 본질을 충분히 설명하지 못한다. 가톨릭 종교교육은 전례의 내면적 요소인 말, 동작, 소리, 시각, 촉각, 미각, 후각 등 감각적인 표지들을 경험하게 하는 것을 중요하게 여긴다. 특히, 학생들은 전례를 통해서 기도에 참여하며, 또 기도를 통해서 가톨릭 전통인 전례를 내면화한다. 전례 달력에서의 다양한 축제와 기념일 및 금식 기간에 대해 알아보며 교사는 전례에서 사용되는 표징과 상징적 의미를 발견하도록 지도한다. 그리하여 교회의 전통적인 문화와 관습을 존중하는 종교교육을 제공하여 가톨릭 인재를 양성하는 역할과 책무를 다할 수 있을 것이다.

2. 말씀이 사람이 되시어(Et Verbum caro factum est)

육화의 신비는 가톨릭 신앙의 핵심이며 근본이다. 그리스도의 신성과 인성의 결합으로 각각의 고유한 특성을 유지하면서 일치를 이루는 것을 말한다. 예수 그리스도는 이 땅에 인간의 몸으로 오셔서 우리를 섬기고 죄에서 구원하셔서 영원한 생명으로 이끄신다. 왜냐하면 인간은 하느님의 형상과 모양을 닮아 창조되었으며 하느님과 특별한 관계를 맺은 존재이기 때문이다.

> 말씀이 사람이 되시어 우리 가운데 사셨다. (요한 1,14)

가톨릭교육은 육화를 통하여 인간이 희망을 가지고 하느님의 궁극적 승리를 기대하며 세상을 살아가도록 한다. 냉소적이고 비인간적인 세상에서 빛이 죄의 영역 안으로 들어와 승리를 거둔다는 것을 깨닫게 한다. 가톨릭교육은 육화에서 하느님의 친밀함과 진정한 존재의 충만함을 느끼며, 인간의 본 형상인 그리스도를 닮은 자가 되도록 하는 데 목적을 둔다. 하느님이 사람이 되신다는 육화의 교리는 창조목적과도 긴밀한 연관이 있다. 이와 같은 교리는 죄의 본질을 알고 현실을 직면하게 하면서도 희망을 품게 한다. 가톨릭교육은 하느님께서 우리 삶 가운데 함께하심을 기억하고, 하느님이 세상을 사랑하신 것처럼 세상을 사랑하며, 믿음으로 영원한 생명을 누린다는 진리를 바탕으로 한다.

3. 학교는 기억의 공동체이다
   (The school is a community of memory)

가톨릭교회는 오랜 역사와 전통을 지키고 계승하는 것을 중요시한다. 따라서 종교교육은 문학, 역사, 음악, 미술과 같은 다양한 영역에서 가톨릭 문화를 습득할 수 있도록 지원한다. 바티칸 공의회 문헌에 나오는 전통적 가르침을 전하고 공의회 정신을 따르려는 교육도 함께 전개한다. 또한 교회가 겪었던 과거와 또 현재의 갈등, 문제점의 본질과 그 해결방법을 탐구하여 새로운 관점을 제공하는 역할도 한다. 이처럼 가톨릭교육은 거룩한 이야기(sacred stories)를 세대를 거쳐 이어가는 것이다. 따라서 우리는 가톨릭 교육전통에 깊이 뿌리내린 교육학 이론을 접하고, 그 교육적 이상과 근본 가치를 파악하여, 과거와 현재를 연결하고 오늘날의 교육과정 전반에 적용할 수 있다. 예를 들어, 많은 종립학교(宗立學校)에서는 성 이냐시오 로욜라(St. Ignatius of Loyola)의 교육학을 고전 가톨릭교육학의 견고한 원리로 채택하고 있다.

다음에 나오는 예수회 교육의 자료를 통해 현대에도 살아 숨 쉬고 있는 가톨릭교육의 전통을 만나 보자.

[자료]　　■ 이냐시오 전통의 교육적 원리 ■

　　이냐시오 성인의 교육학은 삶에 대한 성찰을 통해 '모든 것에서 그리스도'(God in all things)를 발견하는 것을 교육이 나아가야 할 기본방향으로 제시하고 있다. 이는 이냐시오 영성인 '활동 중의 관상'(Contemplation in action)에서 잘 드러난다. 세상과 격리된 기도가 아닌, 평범한 일상 안에서 하느님을 체험하고 만나는 것이다. 세상과 동떨어진 것이 아니라, 바로 세상 속에서 자기 내면을 돌아보는 성찰을 통해 모든 활동을 하느님과 함께한다. 우리의 모든 것에서 하느님을 발견하는 것으로, 경험과 성찰, 행동을 중요시한다. 이것은 이냐시오의 영성수련(*Spiritual Exercises*)에서 강조하는 교육관이다. 교육에 관한 문헌인 「예수회 교육의 특성과 이냐시오 교육의 실천방안」(1994)에 담긴 이냐시오의 교육학적 원리와 과정을 살펴보자.

■ 이냐시오 교육의 기본 구조

　Ⅰ. 맥락(Context)
　　맥락은 바깥에 있는 외부적 요소들을 가리킨다. 학습자의 밖에 있는 요인, 즉 사회, 문화, 경제, 학교, 가족, 종교적 풍토와 같은 외부에서 주어진 여건을 말한다. 이러한 여러 환경적 요소들은 학습과정과 체험에 영향을 끼칠 수 있다. 이냐시오 교육전통에서는 자신이 속한 특수한 상황 속에서 교육 목표를 달성하고자 외부적 요소들을 선별하고 응용하도록 한다. 창의력과 능력을 최대한 발휘하여 그 어떠한 여건이나 어려운 주제도 수용하는 자질을 지니도록 한다.

　Ⅱ. 경험(Experience)
　　삶 그 자체와 떨어질 수 없는 직접적인 경험을 습득하고자 한다. 현실생활 속에서 겪는 경험을 분석과 평가, 적용이라는 범주를 사용함으로써 의미 있는 배움으로 연관시킨다. 특히, 현실에 직면한 과제를 자신의 가치와 신념, 감정 등 총체적 이해에 비추어 본다. 이렇게 다양한 분야에서 습득한 풍부한 경험과 지식은 학생들을 변화시키고 성장하게 만든다.

III. 성찰(Reflection)

성찰은 삶에 대한 주의 깊은 관찰뿐 아니라 자신의 일상생활에 관하여 어떻게 반응하고 있는지에 대한 발견이다. 우리가 사고하고 행하는 모든 것을 대상으로 진정한 가치를 파악하고자 한다. 이것은 어떻게 배우고 어떻게 의식을 형성하는지에 대한 기초가 된다. 학습자들은 생각, 신념, 감정 등을 활용하여 다른 활동들과 맺는 관계에도 주목함으로써 성찰적 행동을 응용한다. 그렇게 하여 최종적으로 우리 삶 안에서 역사하시는 하느님의 활동과 그 뜻에 대해서 살펴본다.

IV. 행동(Action)

성찰을 통해 깨달은 것을 행동으로 옮기는 것이다. 깨달음이 다시 우리의 경험으로 이어지기 위해서는 깨달음을 넘어 행동으로 실천해야 한다. 이냐시오 교육에서의 사랑은 말이 아닌 행동으로 보여 주는 것으로 이웃과 사회를 위한 봉사를 통해 하느님을 발견한다. 세상의 정의를 실현하기 위하여 앎을 넘어 행동으로 나아가는 것이다.

V. 평가(Evaluation)

학생의 학습과정과 결과뿐만 아니라 학생에게 일어난 의식과 행동의 변화까지 평가의 대상으로 삼는다. 다시 말해, 학습자의 인지적·신체적·정의적 영역의 성취를 교육적 가치에 비추어 판단하며 피드백을 하도록 한다. 특히, 종교관, 가치관, 태도와 같은 정의적 특성을 내면화하는 과정에도 관심을 기울인다.

■ 이냐시오 교육의 목적

이냐시오 교육은 기본 구조인 '맥락-경험-성찰-행동-평가'를 통해 진리를 자신 안으로 내면화하는 방법을 제시한다. 이냐시오 영성을 바탕으로 한 가톨릭교육의 목적은 예수회의 문헌 안에서 다음과 같이 나타난다.

I. 영적 성장

모든 교육과정은 진리, 신앙, 그리고 종교적 사고에 기초하여 더 나은 방향으로 영적 성장을 도모한다.

II. 지적 능력 향상

다양한 영역에 대한 폭넓은 지식과 기술을 배워 활용하고 내용을 깊이 깨달아, 세상과 사물에 대하여 지성적으로 숙고할 수 있는 능력을 증진시킨다.

Ⅲ. 신앙 발달

교리교육과 전례를 통하여 삼위일체 하느님을 알아 간다. 이는 하느님에 대한 앎을 통해 기초적인 신앙을 형성하고 발전시키는 과정이다. 나아가 지적 신앙과 함께 믿음을 삶으로 표출함으로써 신앙심을 더욱 굳건히 한다. 즉 하느님 말씀을 선포하고 자신이 체험한 하느님에 대한 믿음을 삶에서 실천하며 신앙을 키워 나간다.

Ⅳ. 사랑의 실천

이냐시오 영성은 세상의 모든 것에서 하느님을 발견할 수 있다고 본다. 하느님의 사랑은 우리 주변의 모든 것에서 활동하고 드러나기에 하느님의 사랑 속에 사는 모든 사람은 우리의 이웃이다. 가장 큰 계명인 하느님과 이웃에 대한 사랑을 말과 행동으로 증언하고, 하느님의 사랑의 신비를 다른 사람들과 함께 나눈다.

Ⅴ. 사회정의 실현

역사의 흐름 속에서 가톨릭교회는 공동선을 위해 정의의 원리를 복음의 빛으로 밝혀 왔다. 인류의 번영과 세계평화에 이바지하기 위하여 사회 질서를 진리에 토대를 두고, 진정한 공동체의 의미를 일깨워 정의로운 사회를 만들어 간다.

4. 모두가 내 형제자매이다(Everyone is my brother or sister)

엘쉬타인(Elshtain 1994, p.160)은 "가톨릭의 사회적·교육적 사상은 개인주의와 국가 집단주의가 가정하고 요구하는 것과는 근본적으로 다른 인간 존재론에서 시작한다"라고 지적한다. 가톨릭교회는 복음에 비추어 인간을, 하느님을 닮은 모습으로 창조되어 혼자가 아닌 다른 사람들과 형제애를 맺고 살아가는 존재로 보고 있다. 따라서 형제적 친교와 연대를 통하여 진정한 공동체를 형성하고자 한다.

여러분은 그리스도의 몸이고 한 사람 한 사람이 그 지체입니다.

(1코린 12,27)

우리는 그리스도의 지체로서 전체가 아니라 단지 한 부분에 지나지 않는다. 따라서 각 지체는 전체를 위해 제 역할을 다하여 서로에게 선을 베푸는 것이다. 형제애를 실천하고 공동체를 향하여 모두 함께 걸어감으로써 참다운 세계관과 인생관을 깨닫는다. 가톨릭교육은 수업과 활동 영역 전반에 걸쳐 학생들이 공동선을 증진할 수 있도록 가르친다.

특히, 오늘날 전 세계 교육 현장에서 드러나는 이민 문제에 대응하여 가톨릭교육은 친교와 연대를 실천함으로써 그 소명을 다하고 있다. 상호 환대와 형제적 화합의 정신을 심어주는 교육을 함으로써 참된 그리스도인으로 발전할 수 있도록 한다. 이민과 난민에 대한 교회의 관심과 신학적·사목적 통찰은 교황청 이주사목평의회 훈령 「이주민들을 향한 그리스도의 사랑」(*Erga Migrantes Caritas Christi*, 2004)에 잘 드러난다. 이를 통해, 형제애가 표지가 되어야 할 가톨릭교육의 나아갈 방향을 찾을 수 있다.

"이방인은 우리에게 놀라움을 주고, 일상생활의 규칙과 논리를 깨며, 멀리 있는 이들을 가까이 데려다주는 하느님의 전령이다. 교회는 '이방인' 안에서 '우리 가운데 당신 장막을 치시며'(요한 1,14 참조) '우리 문을 두드리시는'(묵시 3,20 참조) 그리스도를 본다. 관심과 환대, 나눔과 연대, 이민의 권리 보호와 복음화 노력을 특징으로 하는 이 만남은, 이민들 안에서 참된 가치를 발견하고 그들을 소중한 인적 자원으로 여기는 교회의 끊임없는 관심을 드러낸다." (「이주민들을 향한 그리스도의 사랑」 101항)

5. 종교 다원주의는 가톨릭적 특수성을 약화시키지 않는다
(Pluralism does not necessarily dilute particularism)

가톨릭학교는 '기억의 공동체'로서 음악, 정치, 역사, 문학 및 미술과 같은 다양한 영역에서 나타나는 종교의 특수성과 전통을 소중히 여긴다. 그와 동시에 가톨릭교회는 오늘날의 다원주의 세계에서 신앙의 문제를 비롯하여 다른 사람의 진리와 양심도 함께 존중할 것을 가르치고 있다. 이것은 1995년 성 요한 바오로 2세 교황의 일치 운동에 관한 회칙 「하나 되게 하소서」(*Ut Unum Sint*)에서 잘 드러난다. 흩어져 있는 수많은 교회가 비록 분리는 되었지만 본질적으로는 결합되어 있음을 강조하며, '에큐메니즘'(Ecumenism)이라 부르는 그리스도교의 일치와 화합에 관하여 아래와 같이 서술하고 있다.

"공의회는 동방 교회들에 대하여 언급하면서, 동방 교회들의 위대한 전례적 영성적 전통, 역사적 발전의 특수성, 그리스도교 초기부터 내려오고 거룩한 교부들과 세계 공의회들이 승인한 규율들, 그들 고유의 독특한 교리 표현 방식을 인정하였습니다. 공의회는 정당한 다양성은 교회 일치에 전혀 장애가 되지 않고 오히려 교회의 위상을 드높이고 교회의 사명을 완수하는 데 크게 이바지한다는 확신에서 이러한 인정을 하였습니다."

(「하나 되게 하소서」 17항)

성 요한 바오로 2세는 모든 그리스도인을 포용하는 '보편적 형제애'를 일치 운동의 가장 중요한 신념으로 여겼으며 이것은 '마음의 회개와 기도'에 바탕을 두어야 한다고 강조하였다.

"흔히 타성과 무관심, 상호 이해 부족으로 상황이 더욱 악화되기도 합니다. 따라서 일치 운동에 대한 투신은 마음의 회개와 기도에 바탕을 두어야 합니다. […] 그 회개란 곧 형제적 사랑을 심각하게 해치는 배타 행위, 용서의 거부, 오만, '상대편'을 단죄하는 복음에 어긋나는 고집, 그릇된 편견에서 비롯된 경멸 등에 대한 자각입니다."(「하나 되게 하소서」 2항, 15항)

가톨릭교회는 회칙 「하나 되게 하소서」를 발표하며, 일치의 중요성을 역설하고 진정한 종교 간 대화를 통한 친교를 강조하였다. 가톨릭학교의 교육 원리도 교회의 입장을 바탕으로 여러 종교의 다양성 안에서 일치의 대화를 추구한다. 진리 존중을 절대적 의무로 여기고 있는 교회의 가르침처럼 종교 다원주의(Religious Pluralism)는 타 종교의 진리와 가치를 인정하는 것이다. 이런 태도는 가톨릭적 특수주의(Particularism)를 약화시키는 것이 아니라 오히려 "서로 보충하면서 은사를 교환하여 더욱 풍성한 친교가 이루어지도록 할 것이다"(「하나 되게 하소서」 57항).

마무리
오늘날의 뉴라이트(New Right) 배경의 신자유주의 정책들은 교육 분야에도 영향을 미치고 있다. 뉴라이트는 신우익 또는 신보수라고도 불리며, 기존의 보수와 진보를 극복하려는 입장을 취하고 있다. 또한 실용주의 노선을 택하여 작은 정부론을 주장하며 시장만능주의를 옹호하는 세력이다. 뉴라이트 사상은 정치적·문화적·사회적으로뿐만 아니라 교육에도 영향을 미쳐, 교육이 시장화·상품화되고 개인주의가 팽배한 양상으로 이끌고 있다. 이런 뉴라이트적인 현대사회에서 가톨릭교육의 사명과 역할은 더욱 중요하게 부각된다. 이에 관련해 제럴드 그레이스(G. Grace 1996, p.70)는 "가톨릭교육의 원리는 도덕적이고 영적이며, 원칙에 입각한 행동에 가치를 두고, 공동체와 공공의 선을 추구함으로써 뉴라이트의 근본적인 문제를 해결할 수 있다"라고 하며 시대의 요구에 부응하는 교육목적과 본질을 지니고 있다고 주장하였다.

가톨릭교육의 사명은 학생들의 신체적·도덕적·지적·영적 발달이 조화롭게 이루어지는 '전인 교육'에 있다(교회법 제795조; 동방 교회법 제629조). 그리고, 학생들은 "올바른 양심으로 도덕 가치들을 존중하고 그 가치를 인격적인 동의로 받아들이며 또한 하느님을 더 깊이 알고 사랑하도록 교육받을 권리"(「교육의 중대성」 1항)가 있다고 교회는 명시하고 있다. 다음은 1965년 바티칸 공의회에서 발표된 그리스도인 교육에 관한 선언 「교육의 중대성」(*Gravissimum Educationis*)의 일부분이다. 이를 통해 교육과 학교의 중요성을 보다 포괄적으로 이해할 수 있으며, 앞으로 나아가야 할 가톨릭교육의 비전을 그려본다.

"학교는 그 사명에 따라 끊임없는 배려로 지적 능력을 배양하는 동안, 올바른 판단력을 기르고, 앞선 세대에서 물려받은 문화유산을 가르치며, 가치관을 증진하고, 직업 생활을 준비시키며, 다양한 환경과 자질의 학생들 사이에서 교우 관계를 맺게 하여 상호 이해의 정신을 길러 준다. 더 나아가서 학교는 가정과 교사 그리고 문화생활, 사회생활, 종교생활을 증진하는 각종 단체와 시민 사회와 온 인류 사회가 함께 그 활동과 발전에 참여하여야 할 어떤 중심을 이루고 있다."(「교육의 중대성」 5항)

토론활동

- 내가 이해하는 가톨릭교육이란 무엇인가?
- 내가 가톨릭교육에서 중요하게 여기는 가치들은 무엇인가?
- 가톨릭교육의 목적을 성취하기 위해 어떤 지식과 경험이 도움이 될 수 있는가?
- 가톨릭교육은 미래에 사회, 정치, 문화, 경제 등 다양한 영역에서 어떤 영향을 미칠 수 있는가?
- 나는 왜 가톨릭학교가 존재해야 한다고 생각하는가?

제 2 장
영적 성장을 위한 가톨릭교육

◈ 가톨릭적 영성의 의미

　가톨릭적 영성의 본질은 예수님의 부활과 그 믿음에 근거한다. 가톨릭 신자들은 죽음을 이기고 다시 살아나신 예수님을 바라보며, 죽음은 끝이 아닌 새로운 시작이라는 신념을 갖고 있다. 이러한 이유로, 죽은 이들을 위해 기도하며, 그들이 부활의 영광을 만날 것을 기대하고 소망을 품는다. 부활에 대한 믿음은 바오로가 코린토 신자들에게 보낸 편지에서 명확하게 드러난다.

　죽은 이들이 되살아나지 않는다면 그리스도께서도 되살아나지 않으셨을 것입니다. 그리스도께서 되살아나지 않으셨다면, 여러분의 믿음은 덧없고 여러분 자신은 아직도 여러분이 지은 죄 안에 있을 것입니다.

(1코린 15,16~17)

복음에 따르면, 예수님은 인간의 죽음을 경험한 후 부활하여 우리 가운데 계신다는 사실을 알 수 있다. 그분은 하느님의 말씀, 즉 로고스이기에 부활할 수 있었고, 이러한 부활은 생명 그 자체이다. 로고스는 '길이요 진리요 생명이신 예수님'(요한 14,6)을 현실에서 육신의 모습으로 드러내시는 성령이다. 20세기의 유명한 영국 가톨릭 작가인 체스터턴(G.K. Chesterton, 1874~1936)은 세계 역사를 그리스도의 육화 이전과 이후로 나누어, 그리스도의 유일무이함을 강력하게 주장하였다. 그는 "신비한 힘에는 목적이 있으며, 그 목적을 이루기 위해 내적으로 어떤 인격적인 존재가 존재한다"라고 말하며 신앙적 영성을 '성령의 경이로움'으로 표현하였다(Chesterton 1950). 또한, 육신이 된 신성한 존재에 대한 소개는 요한 복음의 서문에서 분명히 나타난다.

한처음에 말씀이 계셨다. 말씀은 하느님과 함께 계셨는데 말씀은 하느님이셨다. 그분께서는 한처음에 하느님과 함께 계셨다. 모든 것이 그분을 통하여 생겨났고 그분 없이 생겨난 것은 하나도 없다. 그분 안에 생명이 있었으니 그 생명은 사람들의 빛이었다. 그 빛이 어둠 속에서 비치고 있지만 어둠은 그를 깨닫지 못하였다. (요한 1,1~5)

요한 복음은 예수님을 로고스로 선포하여 부활의 생명이며,

창조적 근원인 말씀의 믿음을 증거한다. 로고스, 이 말씀을 묵상하며 예수님의 뜻을 구하는 기도로 영성의 기초를 세우게 된다. 가톨릭교회는 영적 성장을 위해 성체성사의 중요성을 강조하고 있다. 이 성사는 말씀의 힘으로 빵과 포도주가 그리스도의 몸과 피로 변화되어, 살아 계시는 신비의 성사이다. 성체는 영혼의 양식이며 참된 영성생활을 실천하는 데 필수적임을 복음에서 말하고 있다.

> 나는 하늘에서 내려온 살아 있는 빵이다. 누구든지 이 빵을 먹으면 영원히 살 것이다. (요한 6,51)

이는 성체성사를 통해 그리스도의 생명을 받아들이고 영원한 생명을 얻을 수 있다는 교리를 나타낸다. 성체와 성혈에 대한 믿음은 토마스 아퀴나스 성인(1124~1274)의 「성체 찬미가」(Adoro Te Devote, 엎디어 절하나이다)라는 작품을 통해 깊이 체험할 수 있다. 이 찬가는 성체 신비에 대한 묵상이 잘 드러나 있는 작품으로 많은 영성가에게 평가받고 있다. 성 토마스의 「성체 찬미가」는 예수 그리스도의 몸과 피를 받아 마시는 일치의 신비와 영성을 담은 신앙고백으로 이어져 있다. 이를 통해 성체성사가 얼마나 깊은 영성적 경험을 제공하는지를 느낄 수 있을 것이다.

> ### 엎디어 절하나이다 (Adoro Te Devote)
>
> | | |
> |---|---|
> | 엎디어 절하나이다.
눈으로 보아 알 수 없는 하느님,
두 가지 형상 안에 분명히 계시오나
우러러 뵈올수록 전혀 알 길 없기에
제 마음은 오직 믿을 뿐이옵니다.

보고 맛보고 만져 봐도 알 길 없고
다만 들음으로써 믿음 든든해지오니
믿나이다, 천주 성자 말씀하신 모든 것을.
주님의 말씀보다 더 참된 진리 없나이다.

(가톨릭 기도서 중 발췌) | Godhead here in hiding whom I do adore,
Masked by these bare shadows, shape and nothing more;
See, Lord, at thy service low lies here a heart,
Lost all lost in wonder at the God thou art.

Seeing, touching, tasting are in thee deceived;
How says trusty hearing? That shall be believed;
What God's Son has told me, take for truth I do;
Truth himself speaks truly, or there's nothing true.

(Gardner and MacKenzie 1970, p.211) |

◇ 지금 바로 이 순간의 성사

소제목 '지금 바로 이 순간의 성사'(The sacrament of the present moment)는 프랑스 출생의 예수회 사제인 장 피에르 드 코사드(J.P. de Caussade, 1675~1751)의 표현을 인용한 것이다.

가톨릭교육은 교회 안에서 다양한 영성의 흐름을 학습함으로써 영성 계발의 기반을 마련하고 발전하도록 이끈다. 또한 영성교육의 목적과 목표에 따라 학습 내용과 활동이 달라진다. 가톨릭 종교교육학자인 할데인(Haldane)은 가톨릭교육에서 이루어져야 할 영성교육의 목적을 '하느님과의 일치'로 명시하고 있다. 이는 "교회의 신비와 위대한 교부들의 영성이 성령 안에서 일치되는 것"을 의미하며, 할데인은 이것을 가톨릭 영성교육의 궁극적 목표로 삼고 있다(Haldane 1999, p.200). 할데인은 '하느님과의 일치'를 달성하는 실천방법으로 코사드의 가르침 두 가지를 아래와 같이 소개하고 있다(Haldane 1999, p.204).

1. 성경과 거룩한 교회를 통해 하느님 뜻에 순종하기

성경은 하느님의 말씀을 담고 있어 우리에게 길을 안내하고 지혜를 제공한다. 거룩한 교회는 이러한 성경의 가르침을 실천하는 곳으로, 교회 안에서 우리는 하느님의 뜻에 순종하고자 하는 의지를 강화할 수 있다. 이를 통해 믿음의 길을 걸어가며 하느님과의 깊은 관계를 형성한다.

2. 지금 이 순간을 하느님의 은혜로운 섭리로 받아들이기

현재의 순간을 하느님의 은혜로운 섭리로 받아들이는 것은 현재 상황이나 어려움을 하느님의 뜻 안에서 받아들이는 마음가짐을 의미한다. 불확실한 상황에서도 믿음과 희망으로 마음을 가다듬고, 모든 것이 하느님의 은혜 아래에서 일어난다는 신뢰의 표현이다. 이 순간을 통해 하느님의 섭리를 믿으며, 현재의 시간에 감사하며 평안과 희망을 찾을 수 있다.

영성교육의 궁극적 목적인 '하느님과의 일치'는 소제목에 인용한 코사드 사제의 영성인 '지금 바로 이 순간의 성사'를 통해 깊이 이해할 수 있다. 그의 가르침에 따르면, 현재에 주어진 모든 것을 하느님께 맡기고 헌신하는 태도로 순간을 살아가는 것이 '하느님과의 완전한 일치'를 실현하는 길이라고 설명한다. 이것은 우리가 매 순간 하느님의 뜻에 순응함으로써 하느님과의 완전한 일치를 경험하는 것을 의미한다.

> "지금 이 순간이 거룩함의 원천이다. 우리에게 하느님의 뜻을 전해 주는 성사는 어떠한 특정한 태도나 양식에 달려 있지 않고, 수많은 방법 가운데 매 순간 우리에게 최선의 방법으로 주어진다. 그리하여 우리는 살아가는 순간순간을 하느님의 거룩한 뜻과 일치함으로써 하느님의 자비와 사랑을 누린다."(Caussade 1959)

'지금 바로 이 순간의 성사'는 가톨릭교육이 추구하는 영성의 방향과 영적 자세를 잘 보여 준다. 이 영성은 환경이나 외적 상황에 의존하지 않으며, 특별하거나 위대한 행동을 요구하지 않는다. 오히려 보잘것없는 것으로 여겨지는 매 순간의 작은 사건과 행위를 통해 우리에게 전해지는 하느님의 은총, 즉 '성사'를 깨달으며 내면의 영성을 가꾸는 것이다. 현재를 중심으로 하여, 자신의 삶을 온전히 하느님의 뜻에 맡겨 의탁함으로써 자신을 거룩하게 만드는 영성생활이다. 이러한 거룩한 내맡김의 영성은 성경에서 아브라함, 성모 마리아, 예수님을 통하여 분명히 보여 주고 있다. 할데인은 영성교육의 역할을 여기에서 찾는다. 즉, 사랑 안에서 변함없는 동반자인 하느님과 하나가 되고자 하는 깊은 내면의 목소리를 들으며, 또한 하느님을 찾고자 하는 열망을 일깨우게 하는 것이다. 그리하여 하느님의 섭리에 삶을 맡기며 살아가도록 이끄는 것이 영적 성장을 위한 가톨릭교육의 역할이라 여긴다(Haldane 1999, p.205).

◈ 교육학적 영성의 의미

　미국의 신학자 제임스 파울러(James W. Fowler)에 따르면, 영성은 인간 존재의 근원으로, 개인에게 존재에 대한 의미를 창조하고 유지하며 변화시킬 수 있는 것으로 정의된다. 그는 또한 인간이 영성을 통해 끊임없이 의미를 추구하며 새로운 존재로 거듭나고자 하는 특징을 강조하며, 이러한 특징이 인간을 다른 피조물과 구분하는 중요한 요소라고 설명한다(Fowler 1980, p.53).
　교육영성가로 널리 알려진 파커 파머(Parker J. Palmer)는 영성을 자신이 더 큰 초월적인 존재와 연결되는 원천이라 여긴다. 그는 영성적 경험을 다음과 같이 표현한다. "사랑의 영이 우리 실존의 심장부로 뚫고 들어오는 것, 불어 들어오는 것, 우리로 하여금 자신과 세계를 전보다 더 큰 신뢰와 희망을 가지고 보도록 말 그대로 영을 불어넣는 것(in-spiration)"이라고 묘사한다(Palmer 2000, p.63). 또한, 그는 사랑과 충만한 기도의 영성을 기반으로 하는 교육이 오늘날 사회의 만연한 문제를 극복하는 데 도움이 될 것이라고 강조한다.

　영국의 종교학자 존 브래드퍼드(John Bradford)는 영성을 아래와 같이 세 가지 유형으로 구분하여 설명한다(Bradford 1999, p.3).

① 인간적 영성(Human spirituality)
　• 세속적인 영성으로, 종교적인 색채를 띠지 않는다. 이는 일상에서 기본적인 인간의 필요와 욕구를 충족시키

는 데 관련이 있다.
- 예시: 사랑, 안전, 성찰, 책임, 가족과의 유대 등

② 신앙적 영성(Devotional spirituality)
- 하느님과의 관계에 중점을 두며, 기도와 믿음에 따라 형성되는 마음가짐 및 신앙생활을 나타낸다.
- 예시: 기도, 미사 참여, 성경 공부, 전례 생활 등

③ 실천적 영성(Practical spirituality)
- 실제 삶의 경험과 구체적인 행동으로 나타난다. 종교적 활동 참여를 넘어서 사회에 기여하고 하느님에게 응답하고자 하는 행동 및 자세를 강조한다.
- 예시: 사회봉사, 공정한 행동 실천, 환경보호 운동, 인권 실천 등

특히, '인간적 영성'에서 '신앙적 영성'으로 이어지는 종교적 변화의 과정을 이해하는 것이 중요하다. '인간적 영성'은 종교적인 신념 형성에 필요한 기초적인 자료를 제공하며, 이를 통해 종교전통과 문화가 반영되어 '신앙적 영성'으로의 맥락 변화가 이루어진다. 예를 들어, 누군가가 안전과 책임에 대한 '인간적 영성'을 경험한 후, 이를 바탕으로 신앙적 마음가짐과 행동으로 나아가게 될 수 있다. 이로써, 안전과 책임에 대한 세속적인 고민이 종교적인 신념으로 이어지고, 종교의 가치와 가르침이 개인의 영성과 연결되는 과정을 보여 준다. 이러한 변화는 종교의 사상과 신념을 일상생활에 접목시키며, 그로부터 '신앙적 영성'의 발전을 이끌어 낸다. 존 브래드퍼드는 이와 같은 종교적 변화의 예시를 다음과 같이 정리

하고 있다.

인간적 영성	→	신앙적 영성
사랑받음 being loved	→	공동체 구성원으로서의 정체성 identity as a member
안정감을 느낌 feeling secure	→	전통 안에서의 성장 nurtured in tradition
경이로움에 대한 공감 responding in wonder	→	미사의 틀 framework for worship
확신을 가짐 being affirmed	→	믿음으로 드리는 미사 empowerment for service
상징적 공유 symbolic sharing	→	신앙공동체의 경험 experience of community

출처: Bradford 1999, p.6

이 작업은 학습자의 '인간적/신앙적 영성' 계발이 어떻게 신앙공동체의 성장을 위한 기초로 작용하는지에 대한 통찰력을 제공한다는 점에서 중요하다. 존 브래드퍼드는 세 가지 종류의 영성을 보다 체계적으로 정리하고 있으며, 이를 통해 학습자가 어떻게 영성적인 성장과 신앙공동체 참여를 통해 의미 있는 삶을 추구할 수 있는지를 설명하고 있다.

"먼저 '인간적 영성'이 형성되고, 그다음에는 다른 사람들과의 관계와 관심을 통해 성장한다. 나아가 '신앙적 영성'으로 확장되어 믿음을 갖고 신앙공동체의 일원으로서 의미 있는 삶을 추구한다. 마지막으로 '인간적/신앙적 영성'은 최종적으로 '실천적 영성'으로 발전하여, 세상에서 선을 이루는 실천적인 삶의 방식을 추구한다." (Bradford 1999, p.15)

◎ 영성교육의 주안점

역사적으로 영성과 종교는 긴밀하게 연결되어 왔다. 그러나 20세기 문화적 발전을 거치면서, 영성이 종교와 구분되어 별개로 다뤄지기 시작했다. 전통적으로 종교와 영성은 본질적으로 분리할 수 없는 관계로 간주되었지만, 최근에는 종교를 따르지 않더라도 영적인 존재로 자신을 인식하는 문화적 풍토가 조성되고 있다. 많은 사람이 영성과 종교를 분리하여 생각하며, 종교를 따르지 않으면서도 영적인 삶을 살고자 하는 경향이 뚜렷해졌다. 이러한 시각으로 볼 때, 영성교육의 의미와 방향은 종교를 받아들이는지 여부에 따라 변화한다. 종교적 기반과 의존성을 갖는 영적 추구를 중시하는지, 아니면 그렇지 않은지를 기준으로 영성교육의 중점이 나누어진다.

먼저, 종교에 바탕을 둔 영성을 살펴보자. 일반적으로 가톨릭 신학에서 사용하는 영성(Spirituality)은 바람, 숨, 입김을 의미하는 라틴어 'Spiritus'에서 유래를 찾을 수 있다. 맥크리리(McCreery 1994, p.97)는 성령과 관련된 영의 특성을 '능동적이며 생기가 있고 활력이 넘치는 생명력의 영'이라 설명하며 역동성과 개방성을 강조하였다. 특히 성경에서 하느님의 영을 표현할 때는 호흡과 연결되는 개념인 히브리어 '루아흐'(Ruah)를 사용한다. 루아흐는 모든 피조물에 생명의 숨결을 불어넣는 성령으로, 성경의 시작인 창세기의 첫 구절에서 잘 나타난다.

한처음에 하느님께서 하늘과 땅을 창조하셨다. 땅은 아직 꼴을 갖추지 못

하고 비어 있었는데, 어둠이 심연을 덮고 하느님의 영이 그 물 위를 감돌고 있었다. (창세 1,1~2)

영국의 종교학자 대처(Thatcher 1999)는 영성교육을 신앙적인 맥락에서 강조하고 있다. 그는 영성의 원천을 하느님의 거룩한 영에 두며 종교적인 연계 없이는 영성에 대한 교육이 불가능하다고 주장한다. 그에 따르면, 영성교육은 신앙적 전통의 맥락 안에서만 의미를 찾을 수 있으며, 효과적으로 이루어진다고 보고 있다. 이는 인간의 영성이 하느님의 영과의 관계성을 추구하고, 하느님의 성령을 따르고자 하는 근본적인 원리를 지니고 있기 때문이다. 따라서 영성교육은 성인의 삶과 교회의 믿음에 뿌리를 둔 영성을 이해하는 데에서 출발하며, 전통적으로 계승되는 가치와 발전된 신앙인의 정신에 중점을 두고 있다(Thatcher 1996, p. 119). 이러한 교육은 종교적인 맥락에서만 효과적으로 진행될 수 있으며, 학습자가 자신의 영적인 존재를 개발하고 이해할 수 있도록 돕는다. 종교적 전통은 영성교육의 핵심적인 부분이며, 인간의 신앙과의 연결을 강조하여 영적 성장을 촉진한다.

반면에, 호주의 가톨릭 교육학자 로지터(Rossiter 2010)는 대처의 의견에 전적으로 반대하며, 탈종교적 관점에서 영성교육의 방향을 제시하고 있다. 로지터는 사회의 급격한 변화와 광범위한 세속화 추세를 반영하여, 전통적 시각이나 신비주의적 입장에서만 영성을 해석하려는 편협한 사고에서 벗어나야 함을 강조하였다. 그는 인간의 영혼이 초자연적 존재, 우주, 신성한 상위 영역과의 관계를 맺으며, 인간의 내적 자원인 영성 능력을 회복할 것을 주장하였다. 이를 통해 당면한 현실을 초월하고 인생의 다양한 문제를 새로운 차원에서 이해하고자 하였다. 그의 관점에 따르면, 영성교육은 단순히 종교적인 맥락에 국한되지 않고, 인간의 내적 차원과 현실 세계 간의 조화를 찾아가는 데에 중점을 둔다. 로지터는 바로 이러한 능력을 키우는 것이 영성교육의 핵심이라고 여긴다. 그는 '영적인 것'과 '영성'을 아래와 같이 세분화하여 설명하고 있다.

■ 영적인 것(Spiritual)

인간의 전인적 발달과 연관되며, 자연스럽고도 높은 차원의 삶에 영향을 미치는 개념으로, 다음과 같은 요소들이 포함된다.

— 초월성(transcendence)에 대한 다양한 이해
   현실을 넘어선 높은 차원의 경험과 이해이다. 종교, 철학, 예술 등을 통해 인식되는 우주적 혹은 신비한 경험들을 포함한다.

— 인간의 존재와 그 본질적 의미에 대한 탐구
   삶의 의미, 목적, 인간의 본질에 대한 고찰과 이해를 포함한다.

— 우주의 창조자에 대한 생각과 감정
   신이나 창조주, 우주 또는 존재의 기원에 대한 사유와 그에 따른 감정적 경험을 포함한다.

— 자신과 타인에 대한 사랑과 관심
   자기 자신과 다른 이에 대한 이해, 연민, 관심, 혹은 인간관계와 연결되는 윤리적 측면이 포함된다.

■ 영성(Spirituality)

초월성에 관한 의식이 확장되면서 영적 및 도덕적 차원이 개인의 생각과 행동으로 내면화되는 것을 의미한다. 영적인 경험이 개인의

행동과 연결되어 내면적 변화와 도덕적으로 책임 있는 행동으로 나타나게 된다. 영성은 개인의 삶에 의미와 방향성을 부여하며, 동시에 도덕적으로 성숙한 행동을 촉진하는 역할을 한다.

(Rossiter 2010, p.7)

로지터(Rossiter)는 오늘날의 영성교육의 방향을 나무를 통해 아래와 같이 표현하고 있다.

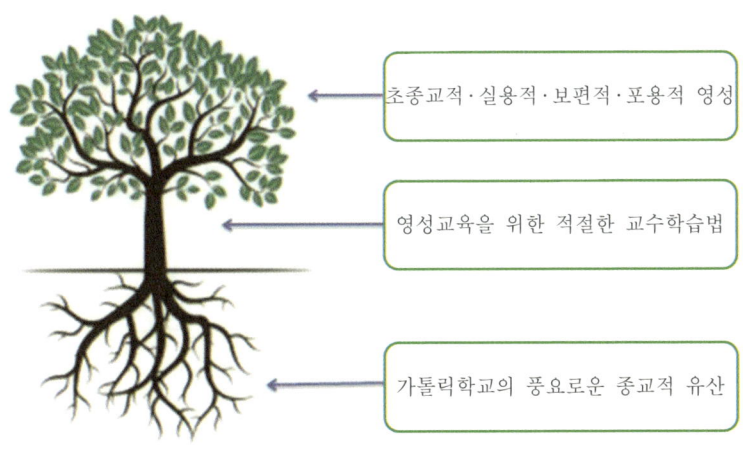

영성교육의 방향 (Rossiter 2010)

- **나무의 뿌리**

비유의 시작점으로, 나무의 뿌리는 가톨릭학교의 풍요로운 종교, 문화, 영성의 유산을 나타낸다. 이는 학교의 역사와 전통, 종교적인 가르침으로부터 유래된 것으로 이해할 수 있다. 신앙의 정체성을 이루는 근간으로, 전통과 교회의 가르침에서 나온 토대를 제공하여 영성적인 이해를 돕는다.

- 나무의 기둥

나무의 기둥은 가톨릭학교의 정신적 유산을 기반으로 한 학생중심의 교수·학습 방법과 자료 활용을 비유한다. 학생중심의 교육은 학생들이 자신의 영성을 개발하고 풍부하게 표현할 수 있도록 돕는 역할을 한다. 이는 영성에 대한 다양한 접근과 표현을 효과적으로 지원하는 교수법을 강조한다.

- 나무의 무성한 가지와 푸른 잎

비유의 마지막 부분인 나무의 무성한 가지와 푸른 잎은 영성교육의 목적을 상징한다. 즉 초종교적 관점에서의 보편적 영성을 모색하여 학생들의 영성생활을 풍성하게 만드는 목적을 담고 있다. 이러한 목적은 단순히 종교적인 내세에 그치지 않고, 현실의 삶과 연계된 경이로움과 신비를 학생들에게 일깨우도록 하는 것이다. 영성교육을 통해 학생들은 인간의 내적 능력을 개발하고, 초월적인 측면과 연결하여 현실을 뛰어넘는 새로운 차원의 삶을 누리고자 한다.

로지터는 가톨릭학교에서의 영성교육을 나무 비유를 사용하여 설명하였다. 그에 따르면, 나무의 뿌리는 종교의 가르침과 정체성으로 구성되어 있으며, 나무 기둥은 학생중심의 교수법과 다양한 학습 경험으로 비유된다. 나무의 가지와 잎은 초종교적 관점의 보편적 영성을 모색하여 학생들의 영성을 풍부하게 발전시키고자 하는 목표를 나타낸다. 로지터는 비유를 통해 가톨릭학교에서의 영성교육을 궁극적으로 초종교적인 방향으로 전개하고자 하는 목적을 강조하고 있다.

◎ 초종교적 영성에 반대하는 흐름

> 성령께서 분명히 말씀하십니다. 마지막 때에 어떤 이들은 사람을 속이는 영들과 마귀들의 가르침에 정신이 팔려 믿음을 저버릴 것입니다.
> (1티모 4,1)

종교 다원주의 사회 안에서 살아가는 우리는 '다양성'에 주목하여 종교 간 경계를 자유롭게 넘나들고 소통하고자 한다. 이러한 포용적인 개념인 초종교적 영성은 동서양을 막론하고 뜨거운 관심을 받고 있다. 초종교적 영성은 복음주의 신앙과 종교적 전통의 배타성을 비판하며 종교의 절대적 가치를 부정한다. 그리하여 탈종교시대를 강조하고 종교의 유무를 떠나 초월적인 자아를 만나는 것을 최고의 영적 세계라고 믿고 있다. 종교의 경계를 뛰어넘어 세속적인 삶 이상의 것을 찾고자 하는 새로운 정신세계이다. 이들은 영성을 매우 강조한다. 현대인들은 초월적 영성을 통해 세상의 문제를 해결하고 평화를 누릴 수 있다고 주장하고 있다.

'종교와 사상의 경계를 넘어서는 영성, 종교적 진리의 보편성'이라는 문구는 비단, 초종교적·종교다원적 영성에서만 활발하게 논의되는 것이 아니라, 때로는 한국 가톨릭교회 안에서도 볼 수 있다. 특히, 범신론에 기반한 불교라는 종교이자 한국전통 사상을 조화하려는 혼합 영성주의 또는 신비주의가 결합한 소위 뉴에이지적 영성은 어렵지 않게 접할 수 있다. 가톨릭 신앙과 한국사상의 신비주의가 결합하여, 강렬하고 깊은 내면의 삶을 추구한다. 이러한 평화스럽고 조화로운 세계를 이룩하겠다는 초종교적 영성은 많은 이들에게 매력 있는 주제로 다가온다. 또한 이 영성은 신이 없어도 내면의 영적인 세계와 신비체험을 추구할 수 있는 특징을 지니고 있다. 탈종교적/초종교적 영성은 특히 물질주의에 실망하고 영성에 목말라 하는 현대인들을 사로잡을 수 있는 유혹적인 차원이다. 그러나 불교의 자유로움과 깨우침에 도달하려는 가르침, 명상, 선, 통찰력에 중점을 두는 영성수련은 가톨릭 영성과는 분명 다르다.

교황 베네딕토 16세는 "가톨릭 신앙이 궁극적 진리가 아닌, 마치 대체 가능한 종교로서 타 종교와의 교환이 가능하다는 인상을 주어서는 안 된다"라고 지적하였다(Ratzinger 2004, p.109). 종교 간 대화와 일치 운동에 참여하는 열린 마음은 좋은 일이다. 하지만 우리는 가톨릭 신앙과 영성의 정체성에 대해 깊이 고민해 보아야 할 것이다.

과연 성령에 의존하는 영성에 대한 식별은 이루어지고 있는가? 상대적 가치를 앞세우는 종교 다원주의에 기반하여 가톨릭 영성을 이해하고 있지는 않은가? 영적 공허를 탈피하기 위하여 신비적인 체험에 몰입하지 않는가? 새로운 시대적 가치를 추구하며 절대적 진리를 부정하지는 않는가?

◆ 가톨릭교육에서의 '초종교적' 영성의 문제점과 한계

종교학자 앤드류 라이트(Andrew Wright)는 가톨릭교육에서 초종교적 영성을 어떻게 이해해야 하는지, 또 그 한계에 대해 다양한 학문적 시각으로 비판하고 있다. 초종교적 영성의 근원을 궁극적으로 탐구하기 위하여 인류학·역사학·언어학·윤리학적 관점과 이론적 틀을 활용하고자 한다. 이를 자세히 살펴보자(Wright 2000).

1. 인류학적 이해

가톨릭교육이 추구하는 영성은 하느님의 사랑을 닮아 형제와 이웃을 사랑하는 섬김의 공동체에서 완성된다. 이웃을 자신처럼 사랑하라는 가르침을 기반으로 공동체 안에서 사랑을 경험하는 영성이다. 공동체 속에서 이웃을 향한 열린 마음으로 용서와 화해, 평화와 일치의 영성을 추구함으로써 하느님 사랑을 실천하고자 한다. 이웃사랑을 통해 하느님의 사랑이 우리 마음속에 흘러들어올 수 있도록 사람들과의 관계를 중요시한다. 따라서 가톨릭 영성은 공동체 안에서 형성되며, 사람들과의 긍정적인 관계 속에서 성장하고 발전한다. 이는 서로를 이해하고 사랑하는 데서 비롯된 경험을 통해 영성적인 성숙을 이루어 나감을 의미한다. 공동체는 하느님의 사랑을 실천하고 서로를 지지하며, 함께 성장하는 중요한 공간으로서 이해된다.

이것은 인간적인 '자아 초월'을 추구하는 초종교적 영성과는 명확하게 구별된다. 초종교적 영성은 내적 능력과 인간 경험의 영적인 측면을 강조한다. 자신의 내면에 존재하는 무언가를 발견하거나 의식을 확장하여 우주적인 정신에 다가가고자 한다. 이는 마음을 비움으로써 무의식으로 접근하는 비움의 명상과 같이 자신의 내면의 세계에 집중한다.

캐나다 철학자이자 교황 자문단의 일원인 찰스 테일러(Charles Tayor, 1931~)는 현대사회를 막스 베버의 개념을 빌려 '탈주술화'(Disenchantment) 시대로 표현하고 있다. '탈주술화'란 주술적이고 종교적인 세계관에서 벗어나면서 종교적 가치와 초월성이 상실된 상태를 의미한다. 그리스도교의 유일신을 기반으로 한 종교적 세계관이 사라지고, 이에 따라 절대적이고 초월적인 기준이 무너졌다고 분석하였다. 이러한 변화와 함께, 가톨릭적 공동체의 도덕 가치가 해체되면서, 개인에게 중요성을 부여하는 개인주의가 만연한 사회가 되었다고 본다. 하지만 테일러는 고립된 개별적인 존재로서의 인간을 보는 것이 아니라, 인간을 '역사적이고 문화적인 존재'로 이해한다. 그 결과로 공동체적 유대 안에서 자신의 정체성을 찾을 수 있다고 주장한다. 이는 단순한 자아 성찰이나 좁은 이해를 넘어서 사람들과의 관계, 세상과의 상호작용, 그리고 하느님과의 관계를 맺음으로써 인간 내면의 진실성을 찾을 수 있다는 것을 시사한다(Taylor 1992).

이와 같은 종교적 측면와 관련된 사람들 간의 관계 형성 및 공동체 안에서의 상호작용은 인류학에서 중요한 주제로 다뤄진다. 종교와 사회적인 관계는 긴밀하게 연결되어 있으며 이는 상호 의존성, 종교 조직, 종교 집단 내부 및 집단 간의 상호작용을 포함한다. 인류학적인 관점은 우리가 사는 세계에서 사회적 관계 형성에 영향을 미치는 종교적인 요인에 주목한다. 종교를 문화적인 현상으로 간주하여 종교 공동체와 사람들 간의 관계 구조 속에서 종교 현상을 이해하려고 한다. 따라서 종교 인류학적 해석을 바탕으로 한 바람직한 영성은, 현재 우리를 형성하는 개인과 집단, 종교 공동체의 유대를 이해하고, 사람들과의 관계 속에서 서로를 존중하는 것에서 비롯될 것이다. 진정한 내면의 자유란, 인간 혼자만의 자유를 뜻하는 '관계로부터의 자유'(freedom from relationship)가 아닌, '관계 속에서의 자유'(freedom for relationship)를 통하여 실현되기 때문이다.

2. 역사학적 이해

영이 어디에서 왔는가?

역사 안에서 영성을 되돌아보는 것은 영성의 정체성을 식별하는데 효과적인 방법이다. 그리스도교 영성의 역사는 2천 년이 넘는 기간 동안 사람들의 삶을 관통하며 오늘에 이르렀다. 이는 인류가 그리스도교 역사를 통해 오랜 세월 동안 담아 온 정통적 영성이다. 교회의 전통과 역사 속에서 하느님을 체험한 영성가·신학자·성인 들의 사상에서 비롯된 영성적 식별과 영성에 대한 이들의 삶과 가르침은 현재에 이르기까지 계승되고 있다. 영성의 풍요로운 유산은 가톨릭 신앙인들에게 영성적인 삶, 특히 성령이 충만한 삶을 살아가도록 인도한다. 성경에 근거한 2천 년에 걸친 전통은 결코 시대에 뒤떨어진 것이 아니다. 오히려 뿌리 깊은 전통은 올바르고 균형 잡힌 영성관의 기초를 다지는데 큰 기여를 할 것이다.

반면에 초종교적 영성의 역사적 기원을 살펴보자. 근대

철학의 아버지라고도 불릴 정도로 현대 철학의 발전에 크게 기여한 데카르트(René Descartes, 1596~1650)의 '의심의 해석학'(Hermeneutic of suspicion)은 초종교적인 포용적 영성에 깊은 영향을 미쳤다. 가톨릭 영성의 출발점인 하느님에 대한 인간의 '순종'과는 반대되는 개념으로 데카르트적 사고는 '의심'으로부터 출발한다. 사고하는 나 이외의 모든 것을 의심해야 한다는 의심주의적 철학에 뿌리를 두며, 신의 존재를 인간의 이성을 통해 합리적으로 증명하고자 한다. 또한 데카르트의 철학은 교리와 신학의 권위를 거부하며 기존의 전통적 가치에 대한 회의주의를 특징으로 한다. 따라서 영성을 전통적인 종교적 의미에서 보지 않으며, 인간의 철저한 분석과 의심의 방법으로 진리에 이르고자 하였다. 또한 편견과 주관성을 배제하고자 하였으며, 객관적이고 중립적인 시각으로 자신의 내면을 탐구하여 자신의 존재를 증명하고자 한다. 데카르트는 자아를 신으로부터 독립된 주체로 여겼으며, 인간의 이성은 진리에 이르기 위한 완벽한 수단이라고 강조하였다. 그의 사상은 '인간중심적·이성중심적'인 현대 교육학의 근원이라고도 할 수 있다. 더 이상 신에 의지하지 않고 자아의 확실성과 객관성, 튼튼한 인간중심주의를 중심으로 절대적 진리에 나아갈 수 있다는 논리다. 데카르트의 연구는 신중심주의로부터 벗어나 자아에 치중하는 오늘날의 초종교적 영성관의 형성에 심오한 영향을 미쳤다.

그럼, 가톨릭교육에서의 영성은 원천과 근거를 어디에서 찾아야 하는가? 어디에서 그리고 누구에게서 시작되었는가? 또한 진정한 영성이란 자기초월의 추구를 통한 영성인지, 또는 성령에 의한 영성인지 분별하여야 할 것이다. 참된 가톨릭 영성은 반드시 성경을 기초한 역사적 전통과 뿌리를 통해 기나긴 시간 속에서 펼쳐지고 있음을 기억하여야 한다.

3. 언어학적 이해

데카르트가 의식의 객관성과 관념적 자기 해석으로 사물에 대한 의심을 극복했다면, 우리는 종교적 해석, 특히 신화와 상징의 해석을 통해 극복하고자 한다. 인간을 절대적 존재나 사유로 여기지 않고, 성경을 보다 잘 이해하여 신앙에 도달하고자 하는 겸손한 인간 모습으로 다가가고자 한다. 프랑스의 언어 철학자 폴 리쾨르(Paul Ricoeur, 1913~2005)의 해석학적 철학은 인간 본래의 모습은 겸손한 주체가 되어야 함을 잘 보여 준다. 리쾨르는 상징과 은유를 중요하게 여긴다. 상징과 은유는 종교 영역에서 고백의 언어에 주로 사용된다고 분석하고 있다. 예를 들어 죄, 얼룩, 영혼의 타락 내지 방랑, 원죄 등과 같은 악에 대한 고백의 표현은 간접적이고 비유적인 방식으로 표현되기 때문에 해석이 필요하다.

먼저, 상징은 문자의 일차적인 의미를 통해 또 다른 의미를 내포하는 이중적 표현이다. 또한 상징은 함축된 넓은 의미와 풍부한 언어적 힘을 지니고 있어 인간에게 사유를 불러일으킨다. 또 상징은 인간에게 그것이 내포한 의미를 해석하게 만든다. 따라서 상징적 의미의 기원이 인간 자아나 객관적 의식에 있지 않다는 점은 분명하다. 즉 의미의 기원은 성스러움에 있다. 또한, 은유란 언어의 내재적 한계를 넘어 새로운 실재와 현실을 발견하는 것을 의미한다. 성경 텍스트 안에서 유사하지 않은 개념들이 서로 관계를 형성하면서 새로운 존재론적 함의를 가지게 된다. 상징과 은유를 사용하여 텍스트의 의미를 해석하고, 새로운 현실과 실재를 창출해 내는 과정이다. 리쾨르는 성경이 지니는 초월적 진술들이 고유하게 자율적인 차원에서 다루어져야 한다고 말한다. 따라서 리쾨르의 해석학은 상징과 은유를 사용하여 텍스트의 의미를 해명하는 것을 강조하며, 새로운 실재와 현실을 '다시' 기술하고 만들어 낸다(Ricoeur 1974). 이는 초월적인 성격을 지닌 하느님의 말씀과 세속적 성격을 가진 인간의 언어가 어우러져 서로 교차하고 상호작용하고 있음을 드러낸다. 그의 해석학은 단지 텍스트를 분석하여 이해하는 하나의 기술이 아니라 인간과 세상을 이해하여 우리의 이해를 풍부하게 하고, 그렇게 해서 한계에 직면한 철학이 나아갈 새로운 방향을 제시해 줄 것이라고 강조한다.

종교적 언어는 평범한 일상 언어처럼 사물을 직접 지시하거나 기술하는 역할을 하지 않는다. 종교적 언어는 다양한 해석에 개방적이며, 상징적이고 은유적이어서 일상 언어를 가지고는 정확한 의미를 표현하는 것이 어렵다. 종교적 세계는 객관적이거나 실증적인 세계관이 아니기 때문에, 신성하고 초월적인 종교적 세계는 자율적인 차원으로 다루어져야 한다. 종교는 일반적인 경험과 측정이 불가능한 초월적인 현실을 다루며, 이는 과학적으로 입증 가능한 것이 아니라 믿음과 신앙에 기반한다. 종교의 세계관은 그 고유성과 복잡성을 존중하여 자율적인 차원으로 해석되어야 한다. 따라서 리쾨르는 성경의 계시를 이해하기 위하여 말씀을 있는 그대로 드러내는 텍스트의 고유성과 자율성을 강조하였다. 그리스도교는 인간의 이성, 즉 인간으로부터 시작되는 종교가 아니다. 그리스도교는 하느님을 종교의 출발점으로 보는 '계시종교'이다. 계시는 인간을 구원하기 위하여 사람들에게 하느님을 믿는 마음을 심어 주는 것으로, 이것은 다른 종교들과 비교했을 때 두드러지는 특징이다. 말씀에 기초를 둔 가톨릭 신앙은 성경의 계시를 있는 그대로 드러내는 고유한 해석학적 범주에서 이해되어야 한다. 리쾨르의 상징과 은유의 해석학적 철학은 성경 텍스트의 의미 세계를 이해하고 하느님의 뜻이 드러나도록 하는 데에 초점을 둔다.

이러한 언어철학을 검토함으로써 언어의 본질과 종교 및 영성에서의 언어의 역할에 대해 새로운 통찰력을 얻을 수 있다. 종교와 관련된 언어는 일반적인 언어와는 다른 특성을 가지며, 이를 이해하고 적절하게 활용하는 것이 중요하다. 언어는 믿음과 신앙의 전달 매체로서 역할을 하기 때문에, 이를 효과적으로 다루는 것은 올바른 영성교육을 위해 필수적인 요소이다. 또한, 올바른 영성교육을 위하여 일반적인 언어와 종교적인 언어 이해에 중심이 되는 것이 무엇인지 고려해야 한다.

4. 윤리학적 이해

초종교적 영성의 두드러진 특징으로 꼽을 수 있는 상대적 가치추구와 도덕적 주관주의에 대한 학문적 배경을 살펴보자. 근대 철학의 흐름을 보면, 이성이 사유의 중심이 되면서, 철학을 과학적이고 경험적인 기초 위에 세우고자 하였다.

근대 철학은 경험을 바탕으로 논리적으로 증명되고, 과학적으로 확인될 수 있는 것만이 올바르다는 입장으로 검증 가능성의 원리에 입각한다. 이런 철학적 관점은 기존의 전통과 관습을 거부하고, 진보적이고 이성 중심적인 사회 질서를 추구하며, 인간의 합리성과 이성이 어떠한 문제도 해결할 수 있다는 삶의 태도로 이어진다.

그 결과, 이러한 철학적 입장은 경험적이거나 과학적으로 입증할 수 없으며 검증 가능성의 기준에 맞지 않는 것들은 타당한 진리가 아니라고 주장한다. 이러한 원리에 의하여 도덕적인 가치는 비과학적이고 비논리적이기에 의미가 없는 것으로 배척되었다. 왜냐하면 윤리적인 언어는 과학적으로 확인할 수 없는 하나의 가설에 불과하다는 이유에서다.

이와 같은 철학적 배경으로 '이모티비즘'(Emotivism, 정의주의, 情意主義)이라는 이론이 등장하게 되었다. 이모티비즘은 윤리적인 진술을 이해하고 해석하는 윤리학적 관점 중 하나이다. 이 이론의 핵심 개념은 도덕적인 진술이 사실적이거나 객관적인 내용을 담고 있는 것이 아니라, 주관적 감정이나 태도를 표현하는 것이라고 주장한다. 이모티비즘은 도덕적 진술이 감정의 표현이기에, 행동을 규범화하거나 타당성을 논리적으로 뒷받침하는 것이 아니라고 주장한다. 예를 들어, '자비로운 행동은 옳다'라고 할 때, 이 이론은 도덕적인 주장인 자비로운 행동에 대해 단순히 긍정적인 감정을 드러내는 것에 불과하다고 보는 것이다. 이처럼 이모티비스트들은 도덕적인 진리나 가치에 대한 객관적인 기준이 존재하지 않는다고 주장한다. 그들에 따르면, 도덕적 진술은 사실적 정보를 전달하는 서술적 진술과는 달리, 모두 주관적이고, 다양한 감정과 선호에 근거하기에, 도덕적 가치는 지극히 상대적이어서 객관적으로 참과 거짓을 판단할 수 없다. 모든 가치 판단은 단지 감정이나 개인의 선호를 표현할 뿐이어서 인식이 불가능하기에 도덕적 진리 또한 존재하지 않는다는 것이다. 이 모티비즘의 대표적인 학자인 에이어(Ayer)에 따르면, 윤리적 판단은 사실에 대한 판단이 아니라 설득적인 감정이나 느낌의 표현이므로 옳고 그름과 같은 객관적 진리의 범주가 적용되지 않는다고 말한다(Ayer 1952). 이러한 추론에서 보면, 윤리적 규범들은 사실에 관해서는 아무것도 알려 주지 않으므로 검증의 대상이 아니며, 도덕적 원리는 알 수 없거나 또는 존재하지 않는다. 당연히 종교적 진술도 이모티비즘의 검증 가능성이라는 이론적 기준에 의해 참이 될 수 없다. 신의 존재에 대한 과학적 입증이 불가능하기 때문이다.

그러나 이 윤리학의 가장 결정적인 약점이 있다. '가치판단에 대한 진술은 감정표현과 같은 정의적 의미만 내포한다'라는 이모티비즘의 견해 역시 그들의 가치판단에 의한 감정표현과 설득에 불과하다는 자기모순에 빠져 버린다. 또한, 도덕적 가치판단의 언어가 감정표현에 불과하다는 주장은 과연 정당화되는지 여부도 검토되어야 한다. 더욱이 그들은 도덕적 논리 자체가 어떻게 검증 가능한지를 증명해 주지 못한다.

만약 이모티비즘의 주장대로 도덕적 판단에 대한 동기부여를 단순한 감정의 표현이며 의미가 없다고 본다면, 우리는 개인의 도덕적 논리에 대해 어떠한 비판도 할 수 없는 '도덕적 무정부상태'가 된다. 또한 윤리적 문제를 에워싼 논쟁은 감정의 논쟁에 불과하게 되어 버린다. 가령 잔혹한 행위에 대한 윤리적 판단도 감정의 차원에 근거한 진술이므로 비도덕적인 판단이 되어 버린다. 예컨대 '남의 물건을 훔치는 것은 나쁘다'와 같은 발언은 오직 감정을 표명하는 도덕적 진술일 뿐 아무런 사실도 알려 주지 않는다. 나아가 이는 절대적 진실의 존재를 부정하는 관점으로 이어진다. 왜냐하면 도덕적 진술은 감정과 느낌에 근거하므로, 모든 도덕적 판단이 동등하게 유효하다고 볼 수 있기 때문이다. 그들에게 도덕성은 주관적이며 자의적인 성격을 띠게 된다. 이런 종류의 견해가 낳는 결과는 도덕 상대주의다.

이와 반대로 가톨릭 윤리는 절대적 가치를 중요시한다. 인류가 지켜야 할 도덕적 유산과 보편적 윤리 규범이 있다. 그중에서도 대표적인 것이 십계명인데, 이것은 불효, 살인, 거짓말, 간음, 탐욕 등을 금지하는 절대적인 도덕적 원칙이다. 이 원칙은 시대나 문화의 차이에도 불구하고 누구도 부인할 수 없는 진리에 관한 고유성과 윤리적 보편성을 특징으로 한다. 이것은 신앙인들에게만 해당되는 것이 아니라, 누구나 이해하고 받아들일 수 있는 불변적인 진리이다. 결국, 가톨릭 윤리는 절대적인 도덕적 원칙과 보편적 윤리 규범에 근거하여 삶을 유도하고, 모든 사람에게 적용 가능한 진리를 내포하고 있다.

토론활동

- 가톨릭교육이 추구하는 영성은 근원을 어디에서 찾아야 하는가?
- 교육학적인 관점에서 바라보았을 때, 종교적 영성과 초종교적 영성의 장점과 단점은 각각 무엇인가?
- 앤드류 라이트의 학문적 이론에 근거한 초종교적 영성 비판에 관하여 나는 찬성하는가? 아니면 반대하는가? 그 이유는 무엇인가?

제 3 장
가톨릭교육의 원리와 방법론:
아일랜드의 신앙고백적 종교교육

여기서는 가톨릭교육의 성격과 접근 방식에 따른 방법론을 살펴보기 위해 아일랜드의 가톨릭교육을 중점적으로 소개하고자 한다. 가톨릭교육의 유구한 역사와 전통으로 높이 평가받고 있는 아일랜드 사례를 살펴봄으로써 한국에서 가톨릭교육을 전공하는 사람들과 학교현장의 종교교사들이 가톨릭교육 방법론에 대한 이해의 폭을 넓히는 데 도움이 될 것으로 기대한다.

◎ 아일랜드의 종교교육 사례

아일랜드는 국공립학교에서 종교교육을 정규 교과목으로 편성하여 지도하고 있다. 일반적으로 '종교교육'(Religious Education)이라는 교과로 불리지만, 아일랜드는 가톨릭 국가이므로 실제로는 가톨릭교육을 의미한다. 아일랜드는 오랫동안 학교와 가톨릭교회 간에 밀접한 관계를 유지해 왔다. 각 학교별 담당 사제를 중심으로 학교 행사들이 이루어지기도 하며 종교교육에 관해서는 학교와 교회 간의 협력이 자연스럽게 이루어지고 있다. 이러한 문화적 배경은 아일랜드의 종교교육에 큰 영향을 미치고 있으며, 종교교육 이론 및 방법론에 대한 연구도 활발하게 이루어지게 한다. 또한, 교사들을 위한 가이드북 및 종교교육 과정 해설서와 같은 자료들이 잘 갖춰져 있어 교사들이 효과적으로 가톨릭교육을 지도할 수 있도록 지원하고 있다. 이러한 조건들이 함께 발전하면서 아일랜드에서의 가톨릭교육은 다양한 측면에서 확고한 기반을 갖추고 있다.

종교교과는 초중등 교육과정에서 필수과목으로 다루고 있지만, 초등단계와 중등단계에서 이루어지는 종교교육의 성격에는 큰 차이가 난다. 중등 종교교육은 주요 종교에 대한 이해와 지식 습득 위주로 이루어지는 반면, 초등 종교교육은 신앙 형성을 목표로 이루지고 있다. 초등시기의 신앙 형성은 일생에 걸쳐 긍정적인 영향력을 행사할 뿐만 아니라, 앞으로 배워 나가게 되는 종교교육의 기초가 되기에 초등 종교교과는 중요도와 관심이 높은 과목 중 하나이다. 그럼, 종교교육 방법론에 들어가기 전에 아일랜드 초등 종교교육에 관하여 먼저 이야기해 보고자 한다.

아래 표에서 보듯이, 아일랜드의 국공립초등학교 대다수가 종교적 색채를 띠고 있다. 그중 가톨릭 계열의 학교가 89.66%로 가장 큰 비중을 차지한다. 학교의 운영 비용은 국고로 지원되고 있으나 학교의 소유권 및 결정권은 가톨릭 교구가 가지고 있다.

종교 계열	학교수	비율
로마 가톨릭(Roman Catholic)	2787	89.66
성공회(Church of Ireland)	173	5.6
이슬람(Muslim)	2	0.06
유대교(Jewish)	1	0.03
퀘이커교(Quaker)	1	0.03
감리교(Methodist)	1	0.03
장로교(Presbyterian)	15	0.48
연합종파(Inter-Denominational)	16	0.51
다종파(Multi-Denominational)	112	3.6

아일랜드 초등학교 종교계열 (아일랜드 교육기술부 2016)

위의 통계에 따르면, 오늘날 초등학교의 96.4%가 종교계열 학교로 운영되고 있으며, 다종파(Multi-Denominational) 학교는 3.6%에 불과하다. 다종파 학교란, 특정 종교에 대한 교리와 신앙을 포함하지 않고, 비교종교학적 접근으로 종교에 '관한' 지식을 객관적으로 전달하는 방식을 특징으로 한다. 대표적인 다종파 계열 학교로는 'Educate Together'라고 불리는 학교들이 있으며, 무종교 또는 비가톨릭 배경을 가진 학부모들의 선호를 받는 것으로 알려져 있다. 수많은 이민자로 인한 종교의 다원화와 급속하게 세속화되어 가는 아일랜드 사회에서 Educate Together 학교에 대한 선호도는 압도적으로 급증하는 추세다. 이런 시대적 요구를 반영하여 교육부에서도 다종파 계열 학교에 대한 신설 및 확대 계획을 적극적으로 추진하고 있다.

현행 교육과정에 관한 전체 틀은 '국가 수준의 교육과정 및 평가'(National Council for Curriculum and Assessment)에 토대를 두고 있으며, 규정에 의하여 학교가 실시해야 할 종교교과 수업 시수는 주당 2.5시간이 확보되어 있다. 즉 매일 1교시씩(30분) 종교수업이 운영되도록 배정되어 있다. 또한, 가톨릭 7성사 중 고해성사, 성체성사, 견진성사를 위해서는 학교에서 담임교사가 직접 교리교육과 성사예식에 참여하도록 학생들을 지도한다.

성체성사 후 기념 촬영하는 학급

물론 이때 학부모가 요구하는 경우, 가톨릭교육과 관련한 일체의 수업 및 활동에 참여하지 않을 수 있으며 이를 '옵트 아웃'(opt out)이라고 부른다. 하지만 종교수업, 미사, 성사 준비와 같은 종교활동에 참여하지 않는 학생들을 위한 별도의 프로그램은 없으며 그렇다고 학교나 교사 차원에서 특별히 대책을 마련해야 할 의무도 없다. 전적으로 교사 재량에 맡김으로써 학생의 권리와 교사의 책임을 둘러싼 논쟁이 벌어지고 있다.

참고로, 종교수업 및 성사준비에 참여하지 않는 학생들을 지도하는 방법과 관련하여 일부 학교들의 실제적인 운영 사례를 간단히 소개해 보고자 한다. 옵트 아웃에 관한 정해진 규정이 없으므로 학교장과 교사의 의지에 의해 다르게 운영된다. 예를 들어, 종교교과를 매일 1교시에 배정함으로써 학생들의 등교시간을 다르게 운영하는 학교들이 있다. 종교교과에 참여하는 학생들은 정상적으로 등교하고, 참여하지 않는 학생들은 1교시가 마친 후 2교시 전에 등교를 하도록 하는 경우가 있다. 다른 사례로는 옵트 아웃한 학생들의 부모들이 중심이 되어 자체적으로 프로그램을 마련하여 운영하고 옵트 아웃한 학생들을 관리하고 살핀다. 또 다른 사례는 옵트 아웃한 학생들을 학년별로 한 장소에 모이게 하여, 한 명의 교사 관리하에 학생들이 각자 원하는 활동 내지 학습을 하도록 한다. 그러나 대부분의 학교에서는 담임교사의 지도 아래 옵트 아웃한 학생들이 종교교육 시간에 교실에서 스스로 자율학습을 하도록 하는 경우가 대다수이다.

옵트 아웃은 종교와 관련된 전반적인 학습활동에도 그대로 적용된다. 미사나 성사준비 외에도 학교에서 하는 대표적인 활동을 나열해 본다면, 아일랜드 수호성인을 기념하는 성 패트릭(St. Patrick) 축제, 성녀 브리지다(St. Brigid)의 밀짚 십자가 만들기, 종려주일 기념행사, 재의 수요일 예식, '모든 성인 대축일 전야제'(All Hallows' Day evening) 및 할로윈(Halloween) 행사, 그 외에도 크리스마스 또는 부활절 공연 등을 들 수 있다. 이와 같은 가톨릭 종교와 관련한 행사 및 모든 활동에 옵트 아웃이 적용된다.

모든 성인 대축일을 기념하며 성인 복장을 한 학생들

또한 학교 운영은 가톨릭 전례력에 따라 움직이며 특별히 가톨릭 주간(Catholic School Week)을 정하여 매년 1주일 동안 학교에서는 주제에 맞는 다양한 행사를 진행하며 학생들의 신앙 성장을 추구한다. 예를 들어 2023년 가톨릭 주간의 주제는 '믿음과 사랑 안에서 함께 걸어가기'(Walking Together in Faith & Love)였으며 이와 관련한 신앙활동 및 수업을 종교교과와는 별개로 1주일간 특별운영함으로써 종교의 전통을 유지하고자 한다.

가톨릭 주간을 맞아 사제와 함께하는 특별한 시간

아일랜드는 가톨릭이 국교이기에 신앙고백을 이끄는 종교교육을 학교에서 하는 것이 가능하였다. 그러나 1980년대 이후 아일랜드는 급격하게 다문화, 다종교 사회가 되면서 종교교육의 목적과 성격에 대한 논란이 야기되었다. 다양한 종교적 배경을 가진 이민자들의 유입과 세속화의 흐름 속에서 종교교육의 접근방식에 대한 비판적 검토가 현재 이루어지고 있으며 앞으로 많은 변화가 생길 것으로 예측된다. 다문화, 다민족, 다종교 사회로서의 다양성을 인정하면서도, 아일랜드의 전통문화인 가톨릭에 대한 이해와 종교적 신념이 상호 존중 되는 방향으로 나아가야 할 것이다.

아일랜드 종교교육 수업 모습

◎ 아일랜드의 신앙고백적 종교교육
(Confessional Religious Education)

아일랜드 초등 종교교육의 대표적인 방법론으로 신앙고백적 접근(Confessional approach) 방법을 들 수 있다. 신앙고백적 종교교육은 교리와 종교적 가치, 성경 말씀을 적극적으로 가르쳐 학생들의 믿음을 성장시키며, 신앙생활의 핵심인 성사를 통해 하느님 은총을 깨닫는 것을 목적으로 한다. 이러한 목적은 종교교육 과정 운영 및 편성 지침을 제공하는 문서에 적극 반영되어 있다. 종교적인 개념과 교리를 명확하게 전달하고, 성경을 통한 학습을 강조하며, 학생들이 깊은 신앙 경험을 쌓을 수 있도록 돕는다. 이러한 신앙고백적 접근방식은 학생들이 종교 지식을 획득하면서 동시에 그 지식을 더 높은 믿음과 경험으로 이어지도록 하는 종교교육 방법론이다. 대표적인 종교교육 과정 지침서로 '국가수준의 교육과정 및 평가'(National Council for Curriculum and Assessment), '초등 교육과정'(Primary School Curriculum) 및 '아일랜드 주교회의'(Irish Episcopal Conference)를 들 수 있다. 이 지침서들에 명시된 아일랜드 '초등 종교교육의 목적'과 '종교교사를 위한 가이드라인'을 통해 신앙고백적 종교교육 방법론이 지향하는 철학과 방향을 짐작할 수 있다.

먼저 지침서에 나타나 있는 종교교육의 목적은 일반적 측면과 신앙적 측면, 두 가지 성격으로 나누어 제시된다. 이를 통해 학생들이 종교적인 지식을 습득하는 데 그치지 않고, 믿음을 실천하며 사회적으로 윤리적이고 성숙한 시민으로 성장할 수 있도록 도와준다. 이러한 목적은 종교교육을 통해 학생들의 종합적인 성장과 윤리적 책임을 강조하며, 그들의 자기 신앙을 실천하여 사회적으로 긍정적인 영향력을 발휘할 수 있도록 지원한다.

초등 종교교육의 목적

1. 일반적 측면
- 가톨릭 문화와 전통의 이해
  학생들에게 가톨릭 종교에 대한 지식과 이해를 제공하여 가톨릭 문화의 가치와 전통을 전달한다.
- 영적·도덕적·사회적 성장
  학생들의 영적 성장을 촉진하고, 도덕적 가치를 강조하여 긍정적인 사회적 행동을 촉구한다.
- 삶의 궁극적 의미 이해
  학생들이 삶의 궁극적인 의미를 이해하고, 이를 통해 공동체 안에서 조화롭게 살아갈 수 있는 능력을 개발한다.

2. 신앙적 측면
- 성경말씀에 기반한 신앙 형성
  성경을 통해 학생들이 예수님을 따르는 올바른 신앙을 형성한다.
- 기도와 전례를 통한 믿음의 성장
  종교적인 활동을 통해 기도의 중요성을 이해하고, 전례를 통해 종교교육에서 배운 가르침과 교리를 실천하여, 믿음을 성장시킨다.
- 예수님을 모범으로 살기
  학생들에게 예수님을 모범으로 삼아 삶을 살아가도록 독려하며, 예수님의 가르침을 삶에 적용할 수 있도록 한다.

한편, 아일랜드 초등 종교교육에서 무엇을 가르쳐야 하는지에 대한 방향과 지침을 제시하는 '교사를 위한 종교교육 가이드라인'은 다음과 같이 서술되어 있다.

교사를 위한 종교교육 가이드라인

I. 성부·성자·성령. 삼위일체 하느님에 대한 이해와 함께 신중심적 (Theocentric) 세계관을 종교교육의 중심에 둔다.

II. 성경과 교회의 전통을 통한 하느님의 신비를 가르친다. 교사는 하느님의 계시를 믿고 교회의 가르침을 충실히 전달한다.

III. 교육과정의 모든 단계에서 예수님을 우선시한다. 그리스도 중심적 (Christo-centric)인 가르침이 가톨릭 전통 안에서 이루어지도록 한다.

IV. 전례를 통하여 하느님을 찬미하며 친교를 나눌 수 있음을 이해한다. 전례는 종교교육의 필수 불가결한 부분이며 신앙생활의 본질임을 깨닫도록 지도한다.

V. 에큐메니즘(교회 일치 운동)의 정신으로 타종교에 대한 관용과 존중의 자세를 가지고, 종교간 대화에 참여하도록 학생들을 격려한다.

VI. 종교교육의 평가는 총체적 성격을 띠며, 배움 자체로서의 평가 원리를 적용한다. 그리하여 성장과 과정 중심의 평가를 한다.

VII. 학부모가 원하지 않는 경우, 해당 학생은 종교수업 및 종교관련 활동에 전적 혹은 부분적으로 참여하지 않을 권리가 있음을 존중한다.

위 가이드라인에서 보여 주듯이, 종교교육의 궁극적인 목적은 가톨릭적 가치를 적극적으로 가르치고 학생들이 받아들이도록 하는 것이다. 교리(Indoctrination) 또는 종교수업(Religious instruction) 중심의 신앙고백적 종교교육은 시대에 따라 양상이 다소 다르게 표현되었다. 다시 말해, 학생 참여 활동을 강조하거나 학생들에게 친근하고 이해하기 쉬운 형태의 학습 콘텐츠를 도입하는 등의 표현방법은 변화되었다. 그러나 신앙고백적 접근 방식의 원칙, 곧 본질적인 목적과 사명은 오늘날의 종교교육에도 여전히 내재되어 있음을 확인할 수 있다.

아일랜드 종교교육학자 키란과 헤슨은 신앙고백적 접근방법에 관하여 다음과 같이 설명한다.

"신앙고백적 종교교육을 통해 얻은 개인의 신앙 이야기와 종교적 신념은 학생들의 사회성과 도덕성 발달에 상당한 영향을 미친다. 이를 통해 학생들은 공동체 내에서 자신의 신앙과 비전을 나타내며, 사회적으로 성숙하고 도덕적으로 강건한 성격을 형성하는 데 도움이 된다. 더불어, 신앙고백적 종교교육은 학생들에게 초월적인 영역에서의 삶을 이해하고 탐구하는 자세를 갖추도록 돕는다. 학생들은 종교적 전통과 신앙을 통해 내적으로 풍요로움을 추구하며, 진정한 인간성을 회복하는 데 도움이 되는 신앙의 여정에 초대받게 된다." (Kieran and Hession 2015)

이러한 신앙고백적 방법론은 아일랜드 초등 종교교과서의 이론적 뒷받침이 되었다. 특히, 가톨릭 신앙에 중점을 둔 토마스 그룸의 교육학은 종교교과서 'Alive-O'(1996년도 발행)와 'Grow in Love'(2015년도 발행)의 토대로 활용되기도 하였다. 그럼, 신앙고백적 접근법이 어떻게 종교교과서에 반영되고 있는지를 알아보기 위해 토마스 그룸이 제시한 교수모델 '함께 나누는 그리스도인 프락시스'(Shared Christian Praxis)를 살펴보며 그 상관관계를 알아보자.

◈ '함께 나누는 그리스도인 프락시스'(Shared Christian Praxis) 접근법과 신앙고백적 종교교육

본격적으로 이론을 전개하기 앞서 토마스 그룹(Thomas H. Groome)에 대해 간단히 소개하자면, 그는 아일랜드계 미국인으로 종교교육학자 및 가톨릭 신학자로서 종교교육 분야에서 두각을 나타내었다. 그는 아일랜드에서 성 패트릭 신학교를 졸업하고 가톨릭 성직자로서의 경험을 쌓은 뒤, 미국에서 종교교육 분야로 박사학위를 취득하였다. 현재는 미국 보스턴 칼리지 신학 대학원에서 교수로 재직하며, 종교교육의 이론과 가톨릭학교 교육 방법론에 대한 연구를 수행하고 있다.

그룹은 해석학적 접근을 기초로 한 '함께 나누는 그리스도인 프락시스'(Shared Christian Praxis)라는 모델을 소개하였다. 프락시스(Praxis)는 고대 그리스어이며 일반적으로 실천이라고 번역된다. 이 모델에서 그는 프락시스를 다음과 같이 정의한다.

> "프락시스(Praxis)란 단순한 실행이 아니라, 이론(theory)과 실천(Practice)이 결합되고, 신앙적 전통과 비판적 성찰의 끊임없는 변증법적 과정을 수반하는 인간 활동을 의미한다." (Groome 1998, p.136)

이 원리를 바탕으로 그는, 종교교육은 신앙의 성숙이라는 목표를 향하여 자신의 현재 행동에 대하여 그리스도 공동체의 이야기와 비전의 빛 아래, 비판적으로 성찰하며 대화를 나누는 과정으로 정의한다(Groome 1998). 또한 그는 종교교육에서 현재의 행동과 그리스도교 전통의 연결을 중요시하였다. 이런 종교교육 과정은 다음 다섯 가지 단계로 구성되어 있다(Groome 1999).

<1단계> 현재 행동에 명명(Naming the present action)

주제에 관련한 활동과 행동에 이름을 붙이고 표현한다. 이는 개인적·대인, 관계적·사회적 차원의 삶에서 경험하는 모든 종류의 활동과 행동을 포함한다. 각자의 경험을 적극적으로 이해하고 나누는 과정이다.

<2단계> 비판적 성찰(Reflecting critically)

자신과 다른 사람들의 특정한 행동에 대하여 비판적으로 성찰한다. 왜 그렇게 행동하는지 또는 그 행동이 다르게 표현될 수 있는 방법은 무엇인지에 대해 탐구하며, 해당 행동의 결과에 대한 이해를 도모한다.

<3단계> 그리스도 공동체 이야기 및 비전과 만남
(Accessing the Christian community story and vision)

성경을 통하여 신앙의 이야기와 비전을 만나는 과정이다. 여기서 '이야기'(story)는 성경, 상징, 전례, 공동체 등 총체적인 신앙의 전통을 의미하고, '비전'(vision)은 하느님 나라를 뜻한다. 교회의 믿음과 전통을 배우고 경험한다. 그리하여 하느님 나라에 초대받는 비전을 볼 수 있으며 또 그에 응답할 기회도 함께 생각해 본다.

<4단계> 대화를 통한 통합(Integrating through dialogue)

복음의 비전과 개인의 비전이 상호 교감하고 만남을 갖는다. 교회의 이야기와 자신의 이야기 간의 상호작용은 변증법적 해석을 통하여 이루어지며, 이는 자신의 신앙과 삶에 영향을 미치는 과정으로 전개된다.

<5단계> 향후 실천을 결정(Responding, decisions for future action)

> 현재의 행동을 비판적으로 성찰하여 신앙의 비전을 반영하고 앞으로의 행동에 대한 결정을 내린다. 공동체 안에서의 대화를 통해 하느님 나라를 소망하고 신앙의 초청에 응답한다.

즉, 종교교육 과정의 다섯 단계는 행동-성찰-성찰된 행동으로 구성된다. 이 과정을 거쳐 '실천으로서의 신앙'을 이어가고자 한다. 과거의 행동으로 얻은 경험을 신앙의 전통 안에서 비판적으로 성찰하고 재해석함으로 미래의 행동으로 나아가도록 한다. 이 원리는 과거와 현재와 미래의 전체적인 시간의 흐름 속에서 역동적으로 움직이는 것을 특징으로 한다. 여기서 역동성은 시간 외에도 믿음과 행함, 현실의 삶과 성경의 삶, 이론과 실천의 조화에도 적용된다. 그룸의 이론은 신앙과 삶을 단절시키지 않고 연결하는 역동적 과정을 강조하였다. 그리하여 예수님의 가르침과 배움을 자신의 삶 속에서 실현하는 교육, 곧 삶과 신앙을 통합하는 교육을 추구하고 있다.

위와 같이, 그룸의 '함께 나누는 그리스도인 프락시스' 원리는 신앙고백적 방법론을 분명하게 드러낸다. 그룸에게 있어서 교육의 본질은 신앙교육에 있다. 그는 가톨릭교육의 목적을, "학생들이 삶 속에서 살아있는 신앙을 갖게 하는 것, 신앙을 고백하고 실천하는 삶을 살도록 하는 것"라고 정의하고 있다(Groome 1991, p.18). 이를 바탕으로 그룸은 '삶에서 신앙으로, 다시 삶으로'(Life to Faith and Faith to Life)라는 원칙을 제시하며, 학생들이 신앙을 향한 성숙을 경험하고 이를 실천하는 방식으로 교육이 이루어져야 한다고 주장하고 있다.

'삶에서 신앙으로, 다시 삶으로'라는 방법론의 관점에서, 그룸은 '엠마오로 가는 두 제자' 이야기를 설명하고 있다(Groome 2011, pp.39~44). 이 이야기는 예수님이 부활하시던 날, 사랑하던 예수님을 잃은 슬픔과 아픔을 안고, 예루살렘에서 자신들의 고향 엠마오로 돌아가고 있던 두 제자의 대화에서 시작된다. 엠마오를 향해 걸어가며 두 제자는 최근 예루살렘에서 일어난 십자가 죽음과 빈 무덤에 대한 이야기를 주고받고 있었다. 그때 예수님이 그들 곁으로 가셔서 함께 걸으시며, 제자들의 마음을 성찰할 수 있도록 질문하신다. "걸어가면서 무슨 말을 서로 주고받느냐?" "무슨 일이냐?"라고 물으시며, 예수님은 제자들이 스스로 알아볼 수 있도록 그들의 이야기와 비전을 그려내도록 초청하신다. 하지만 제자들은 약속된 메시아에 대한 성경의 기록을 알고는 있었지만, 예수님의 죽음에 절망하여 이미 믿음을 잃었기에 어둠만 보일 뿐 그들과 동행하고 계신 예수님을 볼 수는 없었다. 그러자 예수님은 제자들에게 "예언자들이 말한 모든 것을 믿는 데에 마음이 어찌 이리 굼뜨냐?"라고 지적하시며 성경의 이야기로 당신의 삶을 풀이하신다. 그러면서 예수님은 "그리스도는 그러한 고난을 겪고서 자기의 영광 속에 들어가야 하는 것이 아니냐?"라며 제자들의 기대와 신앙 전통의 비전(다시 오심의 약속) 사이를 변증법적 관계를 통하여 이어가신다. 마침내 제자들의 이야기는 신앙공동체의 이야기와 함께 대화의 중심에 놓이게 된다. 역동적인 가르침과 배움을 거친 제자들은 자신들이 경험한 것을 돌아보며 "길에서 우리에게 말씀하실 때나 성경을 풀이해 주실 때 속에서 우리 마음이 타오르지 않았던가!"라고 말하고 있다. 곧 하느님의 비전과 구원의 이야기를 기억하며 자신들의 신앙을 발견하고 새롭게 정립한다. 그러면서 "그들은 곧바로 일어나 예루살렘으로 돌아가 '정녕 주님께서 되살아나셨다'고 말하고 있다"라며 복음은 전하고 있다. 새로워진 신앙 이야기와 비전에 응답하는 모습이다. 깨달음을 얻은 제자들은 기쁜 소식을 사람들과 나누며 신앙공동체의 이야기를 이어간다.

엠마오 이야기에서 볼 수 있듯이 예수님의 교육방법은 배우는 이들로 하여금 살아 있는 신앙 안에서 살아가도록 이끌어 준다. 자신의 삶을 바라보게 하고, 신앙의 전통 안에서 삶의 이야기를 성찰하게 하며, 다시 그 신앙을 자신의 삶으로 가져가 더욱 성숙한 신앙을 향하는 교육방법이다. 이처럼 그룹의 신앙고백적 방법론은 아일랜드 종교교육의 목적에 부합되어, 그의 이론을 적용한 교육방법이 초등 종교교과에 널리 활용되고 있다.

◘ Godly Play 영성교육

지금까지 아일랜드 종교교육의 성격과 그에 부합하는 신앙고백적 접근방식에 대해 살펴보았다. 다음으로는 종교교육의 또 다른 목적인 학생들의 영적 발달에 중점을 두는 영성교육을 종교교육 과정의 전체 틀 안에서 탐색하고자 한다. 먼저 아일랜드 현행 종교교육 과정의 영역별 주요 내용을 살펴보며, 이에 근거한 영성교육의 목적과 의미, 방법을 알아보기로 하자.

영 역	내 용	제2차 바티칸 공의회
Ⅰ. 신앙 (Christian Faith)	삼위일체 하느님 창조 이야기 영원한 생명	*Dei Verbum* 계시 헌장 *Lumen Gentium* 교회 헌장
Ⅱ. 말씀 (Word of God)	성령강림의 역사와 의미 하느님의 구원계획 예수님의 탄생, 공생활, 수난, 죽음, 부활	*Dei Verbum* 계시 헌장
Ⅲ. 전례와 기도 (Liturgy & Prayer)	미사 7성사 가톨릭 전례력 기도문 암송	*Sacrosanctum Concilium* 거룩한 공의회
Ⅳ. 그리스도인 도덕성 (Christian Morality)	인간의 존엄성, 자유, 평등 교회의 사회적 가르침 선행과 봉사	*Gaudium et Spes* 사목 헌장

종교교과 영역 및 내용 (아일랜드 초등종교교육 커리큘럼 2015)

    종교교과의 구성을 살펴보면, 네 가지 영역인 '신앙' '말씀' '전례와 기도' '그리스도인 도덕성'으로 구성되어 있다. 각 영역은 학년별로 다양한 주제와 내용을 다루며, 전체 교육과정을 통틀어 유기적으로 연결되어 있다. 다음의 그림에서는 각 영역 간의 유기적인 관계를 시각적으로 보여 주고 있다.

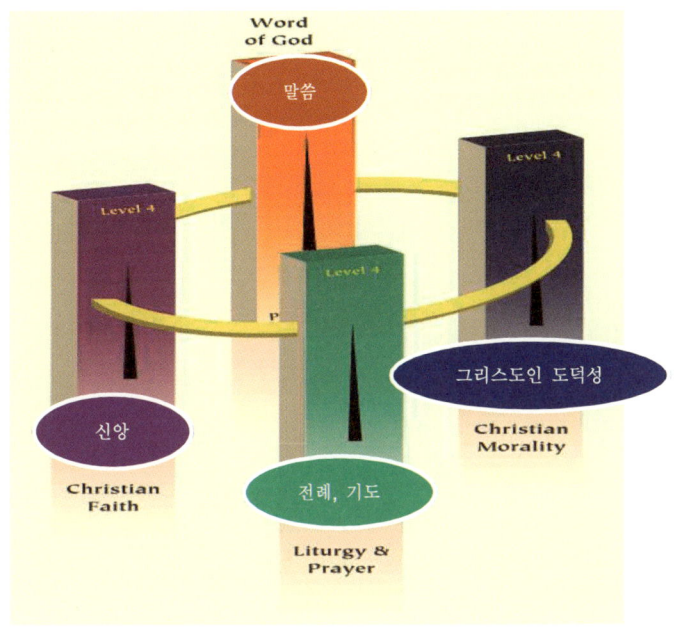

영역별 상호관계 (아일랜드 초등종교교육 커리큘럼 2015, p.35)

영성교육은 '말씀' 영역에서 중점적으로 다루고 있으며, 이는 주로 성경 이야기와 성령강림을 주요 내용으로 한다. '말씀' 영역에서는 성령강림을 통해 인간이 거룩한 성령을 경험할 수 있는 영적인 존재임을 이해하고, 성경 안에서 성령의 신비와 감동을 깨닫는 것을 목적으로 한다. 이러한 목적을 달성하기 위해 대표적인 영성교육 방법으로 성공회 신부인 제롬 베리맨(Jerome Berryman)의 'Godly Play' 교수모델을 활용하고 있다.

베리맨이 만들어 발전시켜 온 Godly Play는 '성령과 함께하는 활동'이라고도 일컫는다. 몬테소리 신앙교육에 근거한 방법으로 교구를 이용하여 성경의 이야기를 경험적으로 배우게 하는 과정이다. Godly Play는 성령의 언어인 성경 이야기에 대한 흥미를 자극하기 위하여 교구 작업과 놀이 중심으로 이루어진다. 그 안에서 신앙 언어를 배움으로써 학습자 스스로 영성을 이해하고 표현하도록 안내하는 학습방법이다. 이 교수모델은 학생들의 감각과 상상력을 활용하여 하느님의 신비를 마주하며 성령의 경이로움을 느끼는 것을 돕고자 한다. 특히, 신앙적 언어가 부족한 학생들이 놀이를 통한 비언어적 소통을 사용하여 영적인 의미를 발견하도록 도와준다. 즉, 언어적으로 정확하게 표현할 수 없으나, 감동과 신비로움, 감탄과 경이로움과 같은 감성적인 차원의 영성을 개발시킨다. Godly Play의 또 다른 특징은 소그룹의 원을 형성하여 학생들이 편안하고 환영받는 느낌을 받을 수 있도록 바닥에 앉아 그룹 활동을 한다는 것이다. 이는 따뜻하고 친근한 분위기를 조성하여 학생들이 자신의 경험을 자유롭게 나누고 놀이에 몰입할 수 있도록 돕는다. 수업 중에 스토리텔러는 경청하는 자세로 학생들과 소통하며, 원 안에서 성경을 읽고 교구를 사용하여 이야기를 흥미롭게 전달한다. 그렇게 하여 학생들은 놀이를 통해 하느님의 신비와 기쁨을 체험하며 학습할 수 있다.

　Godly Play의 교육내용으로는 성경 이야기, 전례, 비유, 상징, 침묵으로 이루어져 있으며, 각 학습과정에 대한 요약은 다음과 같다(Berryman 2006, 2012).

문지방 넘기(개방하기) Crossing the threshold	문지방을 넘어 성령과 함께 가들리 플레이 원 안으로 들어온다.
공동체 형성하기 Building community	공동체를 형성하여 성령 안에 머무른다.
표현하기 Presentation	거룩한 이야기에 참여하며 비유와 전례를 풀어 나간다.
감탄하기 Wondering	'정말 궁금해요…'(I wonder…)로 시작하는 문장을 사용하여 학습자 스스로의 발견 학습을 촉진한다.
반응하기 Response time	하느님의 신비를 마주하며 감동과 경이로움을 느낀다. 동시에 학생들은 자신의 삶을 돌아보며 의미를 찾는다
경축하기 Feast	마무리로 간단한 음식을 나눠 먹으며 즐기는 방법으로 만찬으로의 초대를 의미한다.
마무리 Closure	성령과 함께 세상 밖으로 나아간다.

영성교육의 방법으로 Godly Play 교수법은 저학년으로 갈수록 더욱 강조되고 있다. 아이들이 호기심과 흥미를 활용하여 보다 쉽고 재미있게 하느님의 메시지를 발견하여 영성을 성장시킬 수 있는 방법으로 구성되어 있기 때문이다. 놀이와 창의성을 통해 하느님의 존재와 사랑을 느끼고, 이를 통해 영성적인 성장을 이룰 수 있다. 이러한 방법은 학생들에게 학습을 강조하는 것보다 경험과 참여를 중시하는 접근 방식을 채택하여, 자연스럽게 신앙에 다가갈 수 있도록 한다.

토론활동

- 성경, 교리, 종교적 가치, 성사 위주의 신앙고백적 종교교육의 장점과 단점은 무엇인가?
- 한국의 가톨릭학교 교육체제 안에서 신앙고백적 접근방법을 종교교과에 반영할 수 있는가? 만약 반영할 수 있다면 구체적인 예를 들어 설명해 보자.
- 토마스 그룹의 신앙 방법론인 '삶에서 신앙으로, 다시 삶으로'를 어떻게 교육 활동에 적용할 수 있는가?

제 2 부

종교교육 방법론

제 1 장	체험중심 종교교육
제 2 장	신학중심 종교교육
제 3 장	해석학적 종교교육
제 4 장	영성개발을 위한 종교교육

【 제2부 요약 】

제2부에서는 종교교육 방법론에 대한 이론적 기초와 주요학습이론을 체계적으로 정리하여 설명하고 있다. 주로 영국, 스코틀랜드, 아일랜드의 배경에서 발전한 종교교육 학습방법론을 소개하며, 신앙고백적 접근법에 이어, 네 가지 대표적인 교수학습 이론을 다루고자 한다. 각 이론의 핵심 내용과 함께 종교학자들의 주장과 이론을 자세하게 이해할 수 있도록 구성되어 있다. 또한, 학습단계와 그 과정을 쉽게 파악할 수 있는 예시를 제공하여 종교교육 방법론에 대한 이론과 주요 개념을 손쉽게 접근할 수 있도록 돕고 있다. 심도 있게 탐구하기 전에, 간단한 내용 정리를 참고하도록 하자.

● **체험중심 종교교육**

체험중심 종교교육은 데이비드 헤이(David Hay)의 이론에 기반하며, 학생들이 종교의 의미와 가치를 직접 체험하고 스스로 판단할 수 있도록 하는 현상학적 종교접근에 중점을 두고 있다. 학생들이 종교를 이해하는 과정에서 주체적이고 개인적인 경험을 강조하며, 외부로부터 주어진 고정된 정의나 해석이 아니라 개인의 관점을 존중하는 데 초점을 둔다. 학습활동으로는 '시작하기', '종교적 인식력 높이기', '자아 인식의 구체화', '종교적 인식의 틀 형성', '종교적 인식의 확장', '마무리하기'의 여섯 단계로 구성되어 있다. 체험중심 종교교육은 학생들의 종교적 감정, 경험, 영적 차원을 중시하며, 상상력과 내러티브를 바탕으로 종교적 인식을 확장시키는 활동을 강조한다. 종교적 의식과 신앙실천을 통해 자신의 삶에서 거룩함을 드러낼 수 있도록, 종교적 체험을 구체적인 현실과 문화 안에서 이해하는 데 초점을 두고 있다.

● **신학중심 종교교육**

트레버 쿨링(Trevor Cooling)의 신학중심 종교교육은 현상학적 접근의 한계를 지적하며, 현상학적 방식보다는 종교교리와 역사에 중점을 두는 방식으로 제시된다. 이 방법은 종교의 가치와 신념을 내면화하기 위해 신앙개념을 바르게 정립하는 것을 강조하며, 성경적 개념을 학습하여 그리스도인들의 믿음과 삶에 적용하는 것을 중요시한다. 또한, 이 방법론은 학습자의 경험과 상호작용을 통해 종교적 개념을 넓혀 가며 더 큰 상위개념으로 이끈다. 종교교육의 학습원리는 복음 주제와 관련된 다양한 신학개념을 이해하고, 이를 통해 높은 차원의 접근으로 학습자의 신앙생활과 연결시키는 것이다. 이를 위한 활동단계로서 '성경적 신학개념 풀어내기' '핵심 신학개념 선택하기' '학습자의 경험세계에 적용하기' '상위 신학개념으로 발전시키기'를 제시한다.

● **해석학적 종교교육**

로버트 잭슨(Robert Jackson)의 이론을 기반으로 한 해석학적 종교교육은 '표현'·'해석'·'성찰'의 원리를 중심으로 종교적 세계를 다룬다. 종교의 다양성을 강조하며, 종교를 역동적이고 다양한 시각에서 존중하는 데 주력한다. 비교의 관점을 강조하여 각 종교 내부자의 삶을 인정하고 다양성을 체험하며, 학습자는 종교적 세계를 내부자의 시선에서 이해하고자 한다.

● **영성개발을 위한 종교교육**

앤드류 라이트(Andrew Wright)의 비판적 영성 종교교육 학습모형은 나선형 학습 원리를 적용하여 종교교육 과정을 구성한다. '학습자의 지평' '종교의 지평' 그리고 종교 문해력을 향상시키기 위한 '지평의 통합'에 초점을 맞추고 있다. 이 모형은 주제를 반복하되 학습자의 발달 수준에 따라 깊이와 폭을 확장하여, 종교적 사고력과 관점을 심층적으로 발전시킨다. 나선형 구조를 통해 학습자는 종교 주제에 대한 자신의 관점을 확장함으로써 영성과 종교적 신념을 발전시키고자 한다.

제1장
체험중심 종교교육

◎ 이론적 배경

　　데이비드 헤이(David Hay)의 종교적 체험에 관한 종교교육 프로젝트는 1980년대 후반 영국 노팅엄(Nottingham) 대학교에서 설립되었다. 종교 경험에 관한 현대 연구의 선구자인 헤이는 동물학 석사 학위를 취득하였으나 이후 영적 인식에 관심을 갖기 시작하였다. 특히 종교적 사고와 자연의 진화과정과의 관계에 관심을 두었으며, 과학이 해결해 줄 수 없는 물음들을 제기하였다. 헤이는 물질세계에서 해결할 수 없는 영역을 종교적인 영적 체험을 통해 다루고자 하였으며 종교적 경험은 이런 물음들에 대하여 깊이 있는 견해를 제시해 준다고 믿었다. 이후 그는 옥스퍼드 대학교를 비롯한 여러 대학연구소에 체험중심 종교교육 관련 부서를 설립하며 많은 연구를 수행했다.

　　헤이의 체험중심 종교교육 이론은 신앙에 대한 객관적 설명과 이해에 역점을 두어, 학생 스스로가 종교의 의미와 가치를 판단할 수 있도록 하는 '현상학적 접근'(phenomenological approach) 방식에 주안점을 두었다. 종교현상학이란 종교에 대한 옳고 그름을 판단하거나 종교적 신념과 가치를 갖도록 하려는 것이 아니라, 종교적 체험이 관찰되는 그대로 학생들의 시각에서 이해하고 그것의 본질을 밝히는 것이다. 특히, 헤이는 스코틀랜드 출신의 종교학자 니니안 스마트(Ninian Smart, 1927~2001)의 현상학적 시각을 통해 종교적 체험과 특정 종교 현상이 지니는 의미를 문화 안에서 관찰하고 이해하고자 하였다. 스마트는 종교의 본질적 성격에 관하여 일곱 개의 차원(의례적/교리적/신화적/경험적/윤리적/조직적/물질적)으로 구분하여 제시하였는데, 헤이는 이 중에서 경험적 차원에 주목하여 논하고 있다. 경험적 차원이란 흔히 종교적 체험 또는 신앙체험이라고도 부르며 불교에서는 이것을 깨달음으로 표현한다. 우리는 경험과 감정을 바탕으로 신앙체험을 하며 살아간다. 또는 꿈이라던지 기도나 삶 속에 자리 잡고 있는 믿음을 통하여 절대자를 만나기도 한다. 이러한 정서적·경험적·영적인 차원들을 고려한 '체험중심 종교교육'의 원리와 학습과정을 살펴보도록 하자.

◈ 종교적 체험의 특징

종교적 체험은 다양한 방법으로 표현되며 아래와 같은 특징을 지니고 있다(Hay 1990).

첫째, 자신의 삶 안에서 거룩함을 드러낸다.

우리는 마음속에 거룩함을 가지고 살아가기도 하며, 경건함과 성스러움을 삶을 통해 드러내기도 한다. 유신론자, 대표적으로 그리스도인들은 믿음을 통해 하느님의 거룩함을 발견하고 본받고자 한다. 레위기를 통해 알 수 있듯이, 거룩함은 하느님의 고유한 속성이며 또한 하느님의 뜻을 따르는 것이다.

> 나는 주 너희 하느님이다. 내가 거룩하니 너희도 자신을 거룩하게 하여 거룩한 사람이 되어야 한다. (레위 11,44)

반면 창조주 또는 신에 기반을 두지 않는 일종의 무신론인 불교나 뉴에이지는 거룩함을 깨달음이나 해탈이라 표현한다. 이들은 자아 성찰을 강조하여 스스로 진리를 깨달아 가는 명상과 수행을 통해 내면의 신성함을 알아 가고자 한다.

둘째, 감정과 직관적 경험을 통해 초월적 존재에 대한 경이로움을 느낀다.

헤이의 연구결과에 따르면 종교적 체험이란 마치 보고, 듣고, 만지는 물리적·신체적 지각 같을 것이라 기대하지만, 정작 실제로는 사람들 대부분이 신체의 감각기관을 통한 직접적인 인지는 할 수 없었다고 말한다. 오히려 예상치 못한 방법으로 하느님을 만나거나, 천사와 성인을 통하여 신비로움을 느낀다. 이는 곧 하느님을 마주한 성스러움의 체험이자 직관적 감정이다. 또 다른 종교적 체험에 관한 연구(Hay & Nye 1998)에 따르면 신앙체험을 하였다는 집단은 신앙체험이 없었다는 집단에 비해 심리적·감정적으로 안정되어 있고 긍정적인 삶을 사는 경향이 보였으며 대체로 교육수준도 높은 것으로 드러났다. 또한 이 연구결과 중 흥미로운 것은, 학생들이 10세 이후로부터는 신앙체험이나 생활 속에서 경험하는 영적 체험을 다른 사람들과 함께 나누는 것에 대해 부끄럽고 창피하게 여기고 있다는 사실이다.

셋째, 종교적 의식과 신앙실천을 통하여 종교적 체험을 경험한다.
종교마다 중요한 순간들을 기념하는 종교적 의례 및 의식은 신앙생활의 중심을 이룬다. 예를 들면 불교의 석가탄신일, 유대교의 유월절, 그리스도교의 부활절과 성탄절의 경우를 들 수 있다. 또 다른 대표적인 방법으로는 불교의 팔만대장경, 유교의 사서오경, 이슬람의 코란과 같은 종교 경전을 읽는 것이다. 가톨릭에서는 성경을 읽음으로써 구원역사를 이해하고 하느님을 만나는 신비를 체험할 수 있다. 또는 자신을 봉헌하는 신앙실천의 방법인 다양한 형태의 묵상, 성가, 교회의 단체활동을 하면서 거룩함을 발견하거나 신앙체험을 할 수 있다.

넷째, 기도를 통하여 종교적 체험을 경험한다.
하느님과 올바른 관계를 만들어 가기 위하여 기도, 즉 하느님과 대화를 한다. 대화란 상호 의사소통에 비례하는 것이기 때문에 이를 제대로 이해할 필요가 있다. 일반적인 인간관계에서의 대화는 나와 다른 사람과의 관계 안에서 어떤 사실을 함께 나누고 서로에 대해 알아 가는 것이다. 마찬가지로 기도로서의 대화도 나의 이야기를 진실되게 하느님과 공유하는 것이다. 하지만, 하느님이 우리에게 말씀하시는 방법은 일반적인 대화와 비교했을 때 다른 점이 있다. 존 파웰(John Powel)에 의하면 하느님은 우리의 마음, 의지력, 상상력, 감정, 그리고 기억력을 통하여 우리에게 말씀하신다고 한다. 그리고 인간은 은총을 통하여 이 모든 것들이 정말 하느님으로부터 온 것인지 아닌지를 깨닫는다고 주장한다. 기도로 향하는 일상생활에서의 하느님과 함께하는 여정은 신비로움과 감동의 경험이다. 그러나 기도를 통한 영적 성숙과 같은 종교적인 표현을 학생들에게 논리적으로 설명하기엔 쉽지 않다.

헤이는 수년간의 종교체험에 관한 질적 연구를 하면서 학교 종교교사들이 종교의 체험적 측면을 중요시하지 않고 있음을 지적하고 있다. 그는 종교에 대한 교육적인 접근으로 실제 삶과 경험, 현실, 인간적인 면모를 강조하여 학생들의 배움과 성장이 온전하게 이루어져야 함을 주장하였다. 특히 감정이입을 통하여 종교적 체험과 믿음을 내부의 시각에서 느끼고 이해하는 공감적인 직관력을 키우는 데 초점을 두었다. 헤이는 이러한 종교적 체험 및 종교 현상들을 구체적 현실과 문화 안에서 이해하고 체계적으로 기술하고자 노력하였다. 그러나 이때 주의할 점은, 종교는 그 시대의 정치적·사회적 영향을 많이 받기 때문에 문화적 배경이나 사회적 요인이 선입견으로 작용할 수 있다는 것이다. 따라서 교사는 학생들이 자신이 속한 문화의 협소한 영향에서 벗어나 종교를 좀 더 넓은 시각에서 바라볼 수 있도록 지도하여야 한다. 현실에 대한 세속적인 해석이 지배적인 이 시대에 종교교육과 종교교사의 임무가 더욱 중요시되는 이유이기도 하다.

◎ 체험중심 종교교육의 예비단계

종교를 '체험'하는 학습방법을 이해하기 위하여 우선 전제되어야 할 조건으로, 헤이는 예비단계를 다음과 같이 제시하고 있다. 이는 효과적인 체험중심 종교교육을 위한 밑거름으로써 본격적인 종교체험 활동이 원활하게 진행되도록 한다.

예비단계
1. 마음의 문 열기 2. 다양한 관점에서 세상을 바라보기 3. '지금-여기'의 즉각적인 인식방법 활용하기

[예비 단계 1] 마음의 문 열기

문화란 사회 구성원에 의하여 공유되어 이어져 내려오는 삶의 전 영역에 걸친 생활양식이다. 이런 문화의 힘은 막강하여 때론 다른 해석이나 어떤 대안의 가능성도 허락하지 않게 우리의 눈을 가리기도 한다. 엄격한 지침, 규범이 내재되어 있는 문화 안에서 자신도 모르게 세뇌되어 사회문화에서 벗어나지 않을려는 인식의 틀이 자연스레 생성된다. 하지만, 다양성 인지에 대한 칼 포퍼(Karl Popper 1972)의 실험을 통해 학생들의 생각과 마음이 얼마나 다양하게 표현될 수 있는지를 엿볼 수 있다. 칼 포퍼의 실험결과를 살펴보면 같은 공간에 5분 동안 학생들에게 흰 종이를 주며 '관찰한 바를 적어 보세요'라고만 하고 추가 설명을 하지 않은 채 학생들의 반응을 살펴본다. 흥미로운 것은 어느 학생들도 똑같은 내용이 아닌 자신만의 독특한 관찰 내용으로 제각기 표현하였다. 예를 들면, 어떤 학생은 공간에 있는 모든 물건들만 적고, 어떤 학생은 바깥에서 나오는 소리에 초점을 맞춰 묘사하는가 반면, 5분 동안 마음속에 떠오르는 시를 적는 학생도 있었다. 또 어떤 학생은 자신의 기분 변화를 관찰하여 글로 표현하거나 또 다른 학생은 5분 동안 자신의 발만 보며 발가락에 관한 자세한 설명을 하였다. 여기서 주목할 것은 같은 공간과 시간에 학생마다 모두 다른 생각과 관심을 갖고 있다는 것이다.

따라서 문화라는 인식의 틀에서 벗어나 마음의 빗장을 열 수 있는 학습환경 조성이 사전에 선행되어야 하며, 무엇보다 학생들을 열린 마음으로 이끄는 종교교사의 역할이 중요하다.

[예비 단계 2] 세상을 다양한 관점에서 바라보기

문화라는 강력한 울타리 안에서 살아온 우리는 세상을 바라보고 인식할 때에 놀라울 정도로 우리만의 관점을 고수하고 있다. 한번 인식된 사고는 쉽사리 깨지지 않고, 사고의 프레임을 규정짓게 하는 개념이 되어버려 틀에 갇힌 사고를 답습하는 경향이 있다. 이렇듯 인식의 틀에서 벗어나는 것이 쉽지 않다. 하지만 본인에게 내재된 사고의 틀을 활짝 열고, 다양한 관점과 해석들로 문제를 인식하고 해결할 수 있는 능력을 키움으로써 내면의 묶여 있는 정형화된 틀을 깨거나 새로운 인식의 틀을 세울 수 있다. 또한 틀에 얽매이지 않은 자유로움은 학생들의 사고를 비약적으로 성장시키는 데 큰 밑거름이 된다. 이렇듯 세상을 바라보는 관점을 넓히고 아울러 바른 시선으로 세상을 이해하는 지혜는 학생들에게 더 큰 성장의 발판을 마련하는 동시에 종교적 경험에 한 발 더 가까이 다가서게 한다.

[예비 단계 3] '지금-여기'의 즉각적인 인식방법 활용하기

세 번째 단계는 학생들이 바로 이 순간, 지금 여기의 자극을 받아들이는 즉각적이면서도 순간적인 자각력과 인지력을 높이는 훈련단계이다. 도날슨(Donaldson 1992)은 'here-and-now'(여기 그리고 지금 이 순간)의 'Point mode' 인식력을 키우고자 강조한다. 이는 18개월 이전 유아들이 주로 사용하는 인식방법으로, 마음이 시간적으로 앞뒤로 움직이는 'Line mode'에 반대되는 개념이다. 반면 도날슨은 우리 생애 대부분의 시간은 Line mode로 인식된다고 한다. 과거를 회상하거나 후회하거나, 또는 미래를 그리며 계획하는 것이 이에 해당된다.

기도와 묵상은 의식적으로 Point mode에 머무르는 훈련이다. 지금 이 순간 나와 함께 계시는 하느님을 만나고, 기쁨과 신비로움을 체험하고, 때론 성령의 힘으로 거룩함을 느끼며, 때론 고통스러운 삶에서 위로를 받는 '지금 그리고 여기'에 나의 하느님과 동행하고 있음을 깨닫는 과정이다. 하느님 앞에 현재의 나 자신을 온전히 맡기는 봉헌의 삶과 일맥상통한다. 이는 타 종교에서도 엿볼 수 있다. 대표적으로 불교의 현재 이 순간에 머무는 능력을 강조하는 마음 수행이나 현재의 감정, 감각, 생각을 있는 그대로 받아들이는 수행법, 또는 먼 과거나 미래가 아닌 현재를 놓지 말라는 숨쉬기 명상도 '지금-여기'에 집중하는 인식방법에 해당된다.

◇ 체험중심 종교교육의 활동단계

앞선 예비단계를 거쳐, 종교적 체험을 위한 본격적인 활동단계로 들어가 보자. 체험중심 종교교육 활동은 전체적으로 '인식'(Awareness)을 중심으로 이루어지고 있다.

```
                활 동 단 계

    1. 시작하기(Getting started)
    2. 종교적 인식력 높이기(Raising awareness)
    3. 자아인식의 구체화(Embodying awareness)
    4. 종교적 인식의 틀 형성(Framing awareness)
    5. 종교적 인식의 확장(Extending awareness)
    6. 마무리하기(Endings)
```

[활동단계 1] 시작하기

어색함과 정적을 깨어 학급 구성원들이 어려움을 갖지 않고 활동에 참여하도록 도움을 주는 과정이다. 분위기를 즐겁게 하여 학생들이 마음을 열고 서로 잘 알 수 있게 하도록 관계 형성에 중점을 둔다. 또한 교사와 학생들 사이에서도 인간적인 친밀감이 형성되고 교감이 이루어져 진솔한 소통이 이루어질 수 있도록 인간관계를 중요시하는 단계이다.

[활동단계 2] 종교적 인식력 높이기

일반적으로 '인식'이란 오감을 통해 자극을 받아들여 감각하고, 경험과 사고 과정을 통해 이해하는 의식과 지각의 일련의 정신과정이다. 체험중심 종교교육에서는 '인식'을 스포트라이트에 표현하고 있다. 즉, 무대 위에서 윤곽을 뚜렷하게 해야 하는 특정 부위에 집중적으로 조명을 비추어 이미지를 선명하게 드러내어 주목도를 높이는 것이다. 여기에서는 예비단계로 언급한 '지금-여기'에 집중하는 Point mode가 활용된다. 지금, 그리고 바로 여기에서 하느님을 마주하는 것이다. 내가 가지고 있는 모든 것이면서 또한 유일한 것이 현재 '이 순간'이라고 생각할 수 있어야 한다. 하지만 학생들에게는 이와 같은 즉각적이면서도 고도의 집중력이 필요한 '지금-여기'의 인식능력을 키우는 것이 결코 쉬운 일은 아니다.

너희는 멈추고 내가 하느님임을 알아라. (시편 46,11)

나의 영혼은 그저 침묵하고, 그 침묵 안에서 하느님을 찾는다. 눈에 보이지 않는 하느님을 인식하고 깨닫는 것이다. 흐트러진 마음을 모으고 지금-여기에서 하느님과 마주 대면한다. 이 활동단계는 학생들로 하여금 내면의 깊은 침묵과 함께 경청의 훈련을 통하여 내 안에 계시는 하느님을 인지하고, 기도와 묵상을 통해 이러한 인식력을 높여 나가는 데에 목적이 있다. 자신을 다듬고 주의 집중하여 하느님께 마음을 돌려 앞으로 나아가는 기도의 일종으로 하느님의 존재를 깨닫는 것이 핵심이다.

내 안에 머물러 있으라. 나도 너희 안에 머무르겠다. (요한 15,4)

지금, 여기에 온전히 집중하여 하느님 안에 머물러 그분의 신비를 느끼는 활동단계이다.

[활동단계 3] 자아인식의 구체화

2단계에서 침묵과 경청을 통해 하느님을 인지하였다면, 3단계에서는 침묵과 경청을 통해 학습자 자신의 내면을 돌아보고 자신의 소리에 귀 기울여 자아 인식을 구체화하도록 하는 활동이다. 나는 '누구이며 어떤 사람인가?' '무엇을 원하는가?' 그리고 '무엇을 할 수 있는가?'라는 질문을 출발점으로 제기한다. 나아가 이 질문들의 성격을 좀 더 구체화하여 살펴보고 답변을 마련해 본다. 비록 답변에 한계가 있더라도, 이러한 질문을 통하여 자신의 독특성을 자각하고, 뚜렷한 가치관과 자의식을 갖도록 도와준다. 그리하여 자아정체성을 구체화시키고, 더 나아가 종교적 소속과 종교 정체성을 찾아가는 과정이기도 하다. 이러한 개인의 경험은 자신이 속해 있는 시대의 역사, 관습, 문화, 나이와 성별, 연령, 국적에 따라 다양하게 형성된다. 체험중심 종교교육은 개인 정체성의 요소 가운데 종교적인 측면에 많은 관심을 기울인다. 특히 기도와 묵상을 통하여 철학적이면서 심오한 질문을 자신에게 던질 것을 요구한다. '그리스도인으로서 무엇을 지향하는 삶을 살고 있는가?' '그리스도인은 누구인가?' 또는 '그리스도인의 존재 목적과 이유는 무엇인가?'와 같은 그리스도인의 정체성, 신앙의 정체성과 관련한 종교에 대한 소속감 및 자아개념, 종교 구성원의 의식과 같은 근원적인 질문이다.

이 활동단계는 학습자 모두가 자신만의 고유한 삶의 역사가 있음을 인식하고 이를 구체화시켜 자신을 이해하고 또 다른 사람에 대한 공감 능력도 함께 키울 수 있다.

[활동단계 4] 종교적 인식의 틀 형성

체험중심 종교교육에서는 다채로운 경험을 바탕으로 종교적 인식의 틀을 상징과 은유법을 통해 형성하고자 한다. 이는 예수님께서 상징과 은유, 비유를 사용하여 감춰진 진리를 드러내었던 것과 연결할 수 있다. 이러한 예수님의 가르침은 헤아릴 수 없는 초월적인 신의 세계이자 천국의 비밀을 이해하고, 하느님과의 만남이 이루어질 수 있도록 만든다. 은유와 상징은 신앙의 깊은 의미를 전달하며, 새로운 시선에서 신앙을 체험하고 발견하게 해준다. 이렇듯 은유와 상징적 언어를 사용하여 메시지를 전달하는 것은 종교적인 경험을 설명하는데 가장 기본적인 역할을 하며, 성경 전반에 걸쳐 사용되고 있다. 이 과정에서 시대적 배경, 역사, 풍습, 문화를 이해하면 더욱 풍성하고 생생한 의미로 다가올 것이다. 이전 활동단계인 자신의 삶과 가치에 대한 이해와 함께, 더 나아가 성경에 나오는 각 시대의 문화와 그들의 삶의 역사, 그리고 종교적인 관습을 이해한다면 더욱 확고하게 종교적 인식의 틀, 즉 하느님에 대한 인식의 틀을 형성해 나갈 수 있다.

예수님은 은유적이고 함축적인 표현으로 당신 자신을 '길이요 진리요 생명'이라고 소개하신다. 그럼 나는 하느님에 대한 가장 기본이 되는 인식의 틀을 어떻게 만들어 나갈 것인가? 아래 예시와 같이 상징과 은유를 사용한 종교적 인식의 틀을 만들어

보자.

> 하느님은 사랑이십니다. (1요한 4,16)
> 주님은 나의 목자[⋯]. (시편 23,1)

[활동단계 5] 종교적 인식의 확장

이번 활동단계에서는 상상력과 내러티브 기법이 강조되고 있다. 상상력과 내러티브의 활용은 이전 단계에서 형성된 종교적 인식의 틀을 한층 발전시켜 신앙에 대한 이해를 도와주고 종교적 인식을 견고하게 하는 역할을 한다.

먼저, '상상력'에 관해서는 로욜라의 성 이냐시오 '영성수련'에서 강조하는 영적 체험의 원리를 바탕으로 하고 있다. 이냐시오 성인은 예수님의 길을 따르는 방법으로 '상상적 관상'을 중요시한다. 상상력의 활용은 성경에 등장하는 장면을 재구성하고, 자신의 삶을 복음의 큰 흐름 속에서 이해할 수 있는 시각을 제공한다. 그리하여 하느님의 뜻을 소소한 일상 안에서도 발견할 수 있는 감수성을 키울 수 있으며, 창의력과 감성적인 성향을 갖도록 도와준다. 이처럼 상상력을 활용하는 성 이냐시오의 관상법은 일상적 경험 안에서 하느님을 알아차리고 찾는 것으로 자연스럽게 이어진다. 성 이냐시오는 종교적 체험을 위해서 특히 인간의 오감(미각, 촉각, 후각, 청각, 시각)을 동원한 '거룩한 상상력'을 통해 예수님의 삶을 묵상할 것을 강조한다. 이러한 종교체험은 영적 민감성을 길러 주어 하느님과의 인격적 만남이 이루어지며, 궁극적으로 하느님 사랑을 깨닫는 체험으로까지 확장된다.

이번 활동단계에서 강조하는 또 다른 기법인 '내러티브'를 살펴보자. 내러티브는 단순한 이야기를 넘어, 학습자의 지나간 삶의 경험을 토대로 새로운 의미와 세계로 이어지도록 한다. 내러티브는 현재 삶의 비전과 가치관을 담아내며, 다가오는 미래까지 무한한 상상력과 창의력이 닿아 있다. 인간의 거룩한 상상력을 매개체로 하여 하느님에 대한 인식, 즉 하느님의 은총을 전인적이며 신앙적인 경험으로 확장하여 표현하는 과정이다. 예를 들어 보자. 4단계에서 만들어진 인식의 프레임 '하느님은 사랑이시다'를 5단계에서는 아래와 같이 보다 통합적인 체험의 인식으로 발전시켜 표현할 수 있다.

> 우러러 당신의 하늘을 바라봅니다, 당신 손가락의 작품들을 당신께서 굳건히 세우신 달과 별들을. 인간이 무엇이기에 이토록 기억해 주십니까? 사람이 무엇이기에 이토록 돌보아 주십니까? (시편 8,4~5)

'하느님은 사랑이시다'라는 인식의 틀을 상상력과 내러티브를 활용하여 사람을 돌보아 주시는 하느님의 사랑으로, 시편의 저자가 노래한 것처럼 인식의 확장이 이루어지는 단계이다. 밤하늘의 달과 별을 보며 하느님의 사랑을 찬미한 시편 구절처럼 인식의 확장에 따라 자연스럽게 신앙적인 체험을 경험해 나가는 활동단계이다.

[활동단계 6] 마무리하기

체험중심 종교교육은 교사와 학생, 그리고 학생들 사이의 신뢰와 상호소통을 중요시한다. 일상에서의 종교적 인식, 곧 하느님 체험을 공유하며 신앙 이야기를 나누기 위하여 타인의 경험과 감정에도 귀를 기울일 수 있도록 한다. 일부 활동에서는 자기감정을 깊이 들여다보고 자신의 신앙을 성찰하는 과정에서 더 많은 시간이 요구될 수 있기 때문에 교사는 활동단계에 따른 적절한 시간 조절을 할 필요가 있다. 앞서 배운 내용을 토대로 하느님 사랑을 삶 속에서 경험하고, 그 경험을 표현할 수 있기 위하여, 열린 교육환경과 능동적 학습을 이끌어 낼 수 있는 자유로운 분위기가 조성되어야 할 것이다.

토론활동

- '지금-여기' 이 순간에 나는 하느님과 함께하고 있음을 느낄 수 있는가? 그렇다면 학생들에게 어떻게 설명할 수 있는가? [활동단계 2]
- 나는 하느님에 대한 인식의 틀을 은유와 상징을 활용하여 어떻게 표현할 수 있는가? [활동단계 4]
- 상상력과 내러티브 기법을 사용하여 하느님에 대한 인식의 틀을 확장하여 표현해 보자. 이때, 성경 구절을 인용하거나 나만의 고유한 언어를 사용하는 등 격식에 얽매이지 않고 창의적으로 표현할 수 있다. [활동단계 5]

제 2 장
신학중심 종교교육

◈ 이론적 배경

트레버 쿨링(Trevor Cooling)의 신학중심 종교교육은 '현상학적 접근'(phenomenological approach) 방식에 대한 문제의식을 반영하면서 대두되었다. 종교에 대한 객관적 설명과 비교리적인 측면을 강조하는 현상학적 접근은 종교교육 본래의 목적을 달성하기에는 한계가 있다고 보았다. 현상학적 접근방법은 다양한 종교적 진리를 존중하여 타 종교에 관하여 편견 없이 이해하게 하는 점에는 의미가 있으나, 종교의 가치와 신념을 내면화하기에는 어려운 점이 있다. 이러한 현상학적 종교교육에 대한 대안적 접근으로 1986년 영국의 Stapleford 프로젝트에 의해 고안된 신학중심 종교교육은 특정 종교 현상의 객관적 이해보다는 종교교리나 역사에 역점을 두고 있다. 그렇다고 성경지식의 전달에만 치우치는 것이 아니라, 성경 본문의 의미 탐구와 함께 성경의 이야기가 현대를 살아가고 있는 그리스도인의 삶과 생각에 미치는 영향력에 대해서도 논하고 있다. 특히, 신앙의 가치와 의미를 발견하기 위해서 학생들에게 신앙개념을 바르게 정립하는 것을 신학중심 종교수업의 중심활동으로 여긴다.

이를테면 주님의 수난과 부활을 기념하는 성체성사의 본질을 설명하기 위해서는 먼저 그리스도의 몸과 피를 상징하는 빵과 포도주에 대해 학습해야 한다. 하지만 그 이전에 반드시 선행되어야 할 학습 내용은 신학적 개념이다. 즉 속죄교리가 담고 있는 성 금요일이나 부활절과 관련한 희생, 회개, 화해와 같은 성경적 신앙 용어의 개념이 바로 서야만 예수님의 최후만찬과 십자가 희생을 기념하는 성찬의 전례에 온전히 참여할 수 있다는 것이 신학중심 종교교육의 핵심이론이다. 이처럼 확실한 용어의 개념은 신앙의 기초를 세우고 신앙의 전통을 보존할 수 있도록 돕는다. 또한 올바른 개념이해를 통해 그리스도인들은 의미 있는 신앙생활과 깊은 믿음의 세계로 나아갈 수 있다.

◈ 신학중심 종교교육의 원리

신학중심 종교교육의 학습원리는 신학적 개념들을 배우고 체계화시켜 더 큰 범주의 상위개념을 습득하는 것이다. 이러한 개념발달은 주제에 따른 성경의 신학적 개념들이 개인의 경험과 상호작용을 하면서 포괄적인 새로운 개념으로 연결되고 넓혀진다. 이러한 요인을 고려한 신학중심 교수학습의 주요 원리는 다음과 같다.

첫째, 학습하고자 하는 복음 주제와 관련된 다양한 신학 개념을 이해하고, 이와 관련한 여러 개념 가운데에서 수업의 중심이 될 만한 핵심 개념을 선택한다.

교사가 학습주제를 충분히 숙지하고, 특정 주제와 관련하여 어떤 신학적 개념이 수업의 초점이 되는지를 명확히 하는 것에 중점을 둔다. 이를 위하여 먼저, 선정한 주제에 내포된 신학개념과 범위를 확대한다. 그리고 개념에 대한 심화 이해를 위하여 학습의 중심이 될 만한 주요한 신학개념을 추려 내어 하나 또는 두 개를 선택한다. 이때 선정기준은 학생들의 이해도와 수준을 고려하고, 신앙 발달에 기여하는 중요성을 바탕으로 해야 한다.

둘째, 첫 번째 원리에서 선택한 신학개념에 대한 단순한 지식 습득에서 벗어나 더 높은 차원의 접근으로 학습자의 신앙생활과 이어지도록 하는 것에 목적을 둔다. 즉, 학습자의 일상생활과 연결하여 그리스도인다운 삶의 중요성을 깨닫고 동시에 신앙개념을 쉽게 배워가도록 돕는 과정이다. 복음에 나오는 신학적 지식을 심화하여 배경 지식을 쌓고, 나 자신의 삶과 과거를 통해 복음을 재해석하는 과정이기도 하다. 복음을 조명하여 학습자의 삶 속에 적용시켜 새로운 삶을 창조하고, 이를 축복으로 누리는 기쁨을 경험하는 것에 궁극적인 목표를 둔다.

◇ 신학중심 종교교육의 활동단계

위 두 가지 학습원리 절차에 입각하여 교실에서 실용적으로 활용할 수 있는 신학중심 교수학습 방법을 4단계로 세분화하여 활동할 수 있다. 이해를 돕기 위하여, 신약성경에 나오는 예루살렘 성전 정화 이야기를 적용하여 신학중심 방법론을 구체적으로 살펴보도록 한다.

활 동 단 계

1. 성경적 신학개념 풀어내기(Unpack the concepts)
2. 핵심 신학개념 선택하기(Select one or two concepts as the focus for the lesson)
3. 학습자의 경험세계에 적용하기(Engage with the pupils' world of experience)
4. 상위 신학개념으로 발전시키기(Relate to the religious concept)

[활동단계 1] 성경적 신학개념 풀어내기

가르치고자 하는 복음에 관한 다양한 신학적 개념을 도입하기 위하여, 교사는 주어진 복음과 관련된 개념의 정의와 의미를 명확하게 이해하여야 한다. 이 단계에서는 교사가 특정 신학개념을 얼마나 이해하고 있느냐에 따라 학습효과가 크게 달라질 것이다.

예를 들어, 예루살렘 성전 정화 이야기를 신학중심 방법론에 적용시켜 보자. 장사꾼들과 환전상으로 타락한 예루살렘 성전을 보신 예수님께서는 분노와 슬픔으로 채찍을 만들어 환전상의 책상을 엎고 짐승과 장사꾼들을 쫓아내신다. 그리하여 더럽혀진 성전을 하느님께서 머무르는 성소이자 기도의 장소로 다시 정결케 하신다. 신학중심 종교교육 1단계에서는 복음에 대한 지식이 부족한 학생들을 위해 교사 주도적인 활동으로 전개되는 특징이 있다. 교사가 직접 주도하여 성경에 나오는 신학개념을 주제에 따라 찾아보도록 하는 것을 주된 활동으로 한다. 이를테면 교사는 예수님의 성전 정화 일화를 통해 '불의, 정의, 분노, 슬픔, 성전의 거룩함, 하느님의 나라, 책망, 심판'과 같은 주요개념들을 나열할 수 있을 것이다.

[활동단계 2] 핵심 신학개념 선택하기

두 번째 단계에서는 앞서 나열한 개념들 가운데 수업에 가장 적합한 개념을 하나 또는 두 개를 선택하여 다루는 활동이다. 예수님의 성전 정화 사건의 핵심 내용을 간추려 소개하자면, 하느님을 향한 뜨거운 열정으로 타락한 성전에 대한 예수님의 엄중하고도 거룩한 분노이다. 그렇다면 '정당한 분노'라는 명칭을 붙이고 이것을 핵심 신학개념으로 초점을 맞추어 학습한다.

[활동단계 3] 학습자의 경험세계에 적용하기

세 번째 단계에서는 학습할 신학개념을 학생들의 세상과 연결하여 경험을 공유하고 함께 소통하는 활동이다. 학습자의 감정과 가치관을 기반으로 핵심 신학개념에 대한 비판적 고찰과 토론이 이루어지는 과정이다. 이때, 교사는 눈높이에 맞는 지도를 위해 학습 맥락이나 활동방법을 학생들의 사고발달 과정을 고려하여 융통성 있게 다루어야 할 것이다.

앞서 선택한 '정당한 분노'라는 개념을 예를 들어 적용해 보

자. 신약성경에 근거한 예수님의 '정당한 분노' 개념을 이해하기 위하여 먼저 교사는 학생들에게 화가 났었던 일상의 경험을 물어본다. 학생들은 화가 났을 때를 떠올려 보고, 분노를 일으켰던 원인과 분노를 어떻게 다뤘는지 친구들과 이야기를 나눈다. 교사는 다음 단계로 그 당시 분노했던 행동이 옳은지, 그른지에 대해 서로 다른 의견을 자유롭게 토론하고 공감할 수 있는 기회를 마련한다. 이때는 분노한 동기에 초점을 두어 두 가지 상황으로 나누어 생각할 수 있다. 부당한 일이나 불의를 겪었을 때의 정당한 분노 표출인 경우와 또 그와 반대되는 경우이다. 이번 단계에서 유의할 점은 경험이나 특정사례에 대한 판단을 목적으로 하지 않는다는 것이다. 이 활동에서는 서로 대립되는 두 상황을 구별하여 분노의 형태가 옳고 그름이 있다는 것을 학생들에게 심어 주고, 이를 구분하는 기준을 찾을 수 있도록 하는 것에 주안점을 둔다. 그리하여 정당하고 의로운 분노가 있는 반면에 그렇지 않은 잘못된 분노가 있음을 구별하고, 이를 학생들의 경험세계를 통해 이해하는 것을 세 번째 단계의 목표로 삼는다.

[활동단계 4] 상위 신학개념으로 발전시키기

앞서 배운 '정당한 분노' 개념을 충분히 익혔다면, 마지막 활동인 네 번째 단계에서는 성경 본문으로 들어가 예수님의 성전 정화 이야기를 깊이 탐구하며, 이를 더 넓은 신앙적 개념과 연결하는 과정으로 이어진다.

먼저 성전 정화 이야기 안에서 '정당한 분노'와 이어지는 학습내용들을 나열해 본다면 아래와 같은 내용을 들 수 있을 것이다.

— 불의와 착취에 저항하는 것의 중요성
— 성전의 거룩함
— 정결과 정화
— 최후의 심판
— 예수님의 분노를 유일하면서도 완벽하게 정당화할 수 있었던 하느님과의 특별한 관계

이렇듯 숨겨진 복음의 메시지를 파악하는 분별력을 가지고 하느님 말씀에 귀 기울이는 과정이다.

특히 이번 활동 단계에서는 그림 자료를 활용하여 학습 효과를 극대화하는 것이 특징이다. 아래와 같이 엘 그레코(El Greco)와 리노 폰테본(Lino Pontebon) 두 개의 그림을 비교해 보자. 그림을 통해 '정당한 분노'라는 주제로 예수님의 행동과 표정을 읽어 성경 이야기를 풀어 나간다. '정당한 분노'라는 개념을 반영한 이와 같은 성전 정화 작품을 통해 최종적으로 도달할 신앙개념인 '최후의 심판자 예수 그리스도'로 발전시키는 과정을 살펴보자.

엘 그레코의 「성전 정화」(The Purification of the Temple)

위 그림은 1600년경 그리스 출생 엘 그레코가 그린 그림으로 예수님이 채찍을 휘둘러 상인들을 쫓아내는 장면이다. 그림을 자세히 들여다보면 아치문 양쪽에 두 개의 부조가 새겨져 있다. 왼쪽은 아담과 하와가 낙원에서 추방되는 장면이고, 오른쪽은 아브라함이 이사악을 제물로 바치는 장면인데 이는 구약성경에 나오는 성전 정화를 암시한다. 중앙에 계신 예수님 사이로 그림 왼쪽을 보면, 예수님이 분노를 표출하며 손에 채찍을 들고 불순종하는 장사꾼들을 성전에서 몰아내고 있다. 이는 아담과 하와가 낙원에서 추방되는 모습과 크게 다르지 않다. 반면, 오른쪽의 제자들은 예수님을 따르며, 다정하고 따뜻한 손짓과 함께 평화로운 분위기를 자아내어 마치 순종하는 아브라함을 연상시킨다. 이렇듯 그림의 왼쪽과 오른쪽의 대조적인 모습을 통하여 '양과 염소를 가르듯 선인과 악인을 분별하는 최후의 심판자'(마태 25,32)로서의 예수 그리스도라는 신앙적 개념으로 발전시킨다. 또 "내 아버지의 집을 장사하는 집으로 만들지 마라"(요한 2,16)라는 복음의 메시지를 기억하며, 궁극적으로 도달하고자 하는 신앙적·종교적 개념에 이르도록 하는데 주안점을 둔다.

리노 폰테본의 「화가 난 그리스도」

이번에는 관점을 완전히 바꾸어 성전 정화를 다른 시각으로 살펴볼 작품으로 필리핀 출신 리노 폰테본의 「화가 난 그리스도」의 표정을 소개한다. 엘 그레코의 예수님에 비해 더욱 강렬한 감정으로 분노를 표출하는 그림이다. 이는 화가가 필리핀 본국의 빈민 문제를 반영하여 그린 작품으로 처참한 빈민들의 절망과 상처를 배경으로 하고 있다. 필리핀의 농장에서 일자리를 빼앗기고 쫓겨난 노동자들의 처지, 사회적 약자들의 고통과 슬픔을 함께 공감하고 분노하는 예수님의 모습이라고 설명하고 있다. 그러나 이와는 정반대로 해석하는 경우도 있다. 이를테면 자신들의 일자리인 필리핀 농장에서 쫓겨난 고단한 노동자의 삶을 성전에서 쫓겨난 장사꾼과 동일화시키면서 가난한 자들을 가혹하게 대하고 화를 내시는 예수님으로 표현하기도 한다.

이처럼 리노 폰테본의「화가 난 그리스도」와 관련해서는 두 가지 상반된 시각으로 그림을 읽으며, 사고를 넓고 다채롭게 하여 과감하게 관점을 달리해 본다. 그러기 위해서는 같은 그림을 보며 전혀 상이한 관점에서 이야기를 펼쳐내는 창조적인 눈이 필요하다. 짜여진 신앙지식의 틀에 얽매이지 않고 유연하게 생각하는 힘을 길러 신앙교육의 폭을 넓힌다.

이렇듯 시각적인 교육자료(성화, 캘리그래피, 디자인, 성경 그림, 아트두들예술낙서 등)를 제공함으로써 학습효과를 높이고 성경적 신학개념의 초석을 단단히 세울 수 있다. 신학개념의 이해와 학습자 자신의 경험의 영향을 받아 한층 더 포괄적이며 상위의 개념에 도달하는 것이 이번 활동단계의 목표이다.

◈ **신학중심 방법론의 적용**

신학중심 방법론은 단편적인 신학개념의 이해를 넘어 신앙과 삶을 연계함으로써 삶 속에서 누리는 성숙한 신앙을 도모한다. 성경에 나오는 이야기를 바탕으로 신학개념을 풀어 보고 상위 개념으로 발전시키는 과정은 고차원적 사고능력을 기르는 데 도움이 된다. 특히 성사와 같은 어려운 신앙적 개념을 신학중심 교수학습 모형에 적용함으로써 보다 짜임새 있고 효율적인 학습이 가능하도록 해 준다. 신학중심 교수모형은 쉽게 양파모델(onion model)로 비교할 수 있다. 가장 바깥에서부터 안으로 들어가면서 더욱 심화되고 본질적인 신학적 내용으로 도달하는 과정을 아래 그림과 같이 나타낼 수 있다.

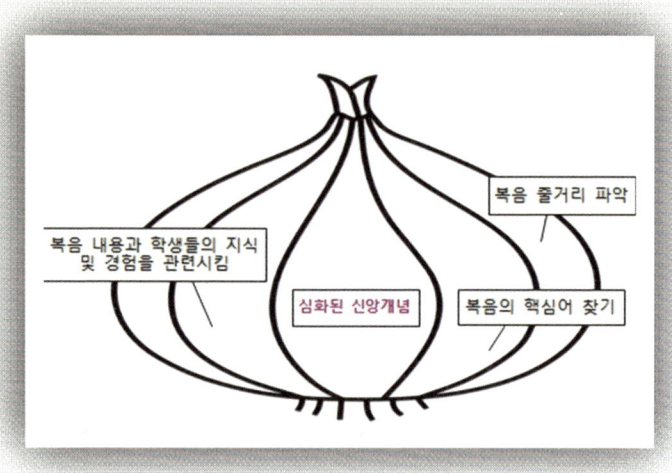

양파모델에 적용한 신학중심 종교교육

아래 내용은 북아일랜드 종교교육 과정 지도서에 소개된 내용으로 신학중심 방법론을 활용하여 보다 상위의 신앙적 개념으로 도달하는 과정을 보여 준다. 여기에서는 크게 4가지 범주(신앙의 실천/믿음/축제/성경 이야기)로 구분하여 각각의 범주에 해당하는 신학개념이 어떻게 고차원적인 개념으로 발전되는지 예시를 들어 소개하고 있다.

활동 단계	
범주	단계 ① : 성경적 신학개념 풀어내기 단계 ② : 핵심 신학개념 선택하기 단계 ③ : 학습자의 경험세계에 신학개념 적용하기 단계 ④ : 상위 신학개념으로 발전시키기
신앙의 실천 예) 세례예식	① 죄를 씻어내고 새로운 생명으로 태어남을 상징 / 신앙 증거, 하느님께 의탁, 고백, 믿음, 행함, 열매 ② 신앙고백 ③ 세례성사 예식 대의 첫 질문, 끊어버리는 예식, 신앙고백 / 묵주기도 때의 신앙고백, 복음의 기쁨을 나눈 경험 ④ 스테파노의 복음 전파와 순교(사도 7장) 묵상 / 신앙고백문 / 도달하고자 하는 신앙적 개념은 '사도신경'
믿음 예) 언약	① 약속에 대한 하느님의 신실함 / 순종, 하느님의 백성 ② 하느님의 약속 ③ 약속에 대한 실천의 소중함을 느낀 경험 / 약속을 지키지 않아 신뢰를 잃게 된 경험 ④ 아브라함이 아들을 약속 받음(창세 18장) 묵상 / 수도자 서원 / 도달하고자 하는 신앙적 개념은 '성체성사'(마태 26, 26~28)
축제 예) 부활절	① 죄, 사랑, 희생, 용서와 화해, 새로운 삶 ② 용서와 화해 ③ 용서와 화해를 통하여 무너진 관계를 회복한 경험 ④ 요셉과 형제들의 화해(창세 45~47장) / 예수님이 보여 주신 용서(루카 23,34) / 도달하고자 하는 신앙적 개념은 '고해성사'
성경 이야기 예) 롯 이야기	① 시어머니 나오미에 대한 며느리 롯의 헌신 / 역경 속에서도 하느님의 사랑과 돌보심 / 헌신과 희생, 인내, 책임감, 의로움, 하느님의 섭리 ② 헌신 ③ 헌신적으로 봉사한 경험 / 일상에서 헌신적인 삶의 이야기 / 책임감을 저버린 경험 ④ 구약성경 '룻기' 묵상 / 도달하고자 하는 신앙적 개념은 '혼인성사'

참조: 『북아일랜드 종교 교육과정 지도서』

이처럼 신학중심 교수학습 활동을 살펴보면, 1단계와 2

단계는 교사가 복음 주제를 명확하게 이해하여 신학관련 개념을 제공하는 과정으로 교육활동이 교사 위주로 구성되어 있다고 볼 수 있다. 교사는 신학의 어떤 내용들을 수업에 활용할 것인지 판단하기 위해 성경 이야기의 본질적인 내용들을 살펴본다. 그리고 학생들에게 복음의 줄거리와 주요 개념을 소개한다. 반면, 실질적인 학습자 위주의 수업은 신학적 개념에 대한 학생들의 경험을 나누는 3단계에서부터 본격적으로 이루어진다. 3단계와 4단계에 걸친 일련의 활동들은 학생들의 세계와 신앙의 세계를 이어 주고, 삶의 변화와 신앙성장에 중요한 역할을 한다.

◇ 종교로부터의 학습(Learning from Religion)과 내용 구조적(Content-structured) 접근법

종교교육학자 마이클 그리밋(Michael Grimmitt, 1975)은 종교교육의 성취목표를 크게 두 가지로 설정하고 있다. '종교에 관한 학습'(Learning about religion)과 '종교로부터의 학습'(Learning from religion)이다. '종교에 관한 학습'은 종교의 본질, 신념, 가르침과 같은 지식적인 측면에 초점을 두며 다양한 종교를 보편적으로 다루고 있다. 반면, '종교로부터의 학습'은 종교에 대한 학습 내용을 해석하여 자신의 경험에 비추어 성찰하고 삶에 응용하는 것을 목표로 한다.

신학중심 종교교육은 '종교에 관한 학습'과 같이 다양한 종교를 배우는 데 중점을 두는 것이 아니다. 좁게 그러나 더 깊게 특정 종교에 관한 지식을 습득하고 확장시키기 위하여 '종교로부터의 학습'을 토대로 '주제적' 접근방식을 취하고 있다. 주제적 접근은 기도문, 성사, 미사, 성경 이야기와 같은 가톨릭의 주요 특징을 학습주제로 삼아 신학적 지식을 넓히고 신앙의 목적과 성격을 이해하도록 한다.

신학중심 종교교육의 또 다른 특징으로 '내용 구조적'(Content-structured)인 접근법을 들 수 있다. 이 접근법은 복음에 등장하는 중요한 신학개념을 이해하는 것을 전제로 한다.

내용 구조적 접근법

앞서 '정당한 분노'라는 주제로 살펴본 바와 같이, 신학중심 방법론의 첫 출발점은 성경의 중요한 신학개념을 아는 것으로부터 시작한다. 나아가 상위 신학개념을 이해함으로써 하느님을 올바르게 인식하여 하느님 뜻 안에서 살아가도록 이끌어 준다. 이렇듯 성경을 바탕으로 한 '내용 구조적' 방법은 성경 말씀에 대한 지식을 쌓아 가며 가장 고차원적인 신앙의 개념과 창조주 하느님을 자연스럽게 접하며 신앙을 형성해 나가도록 만든다. 특히, '내용 구조적인' 학습이 이루어지기 위해서는 성경에 대한 해석학적 원리가 요구되는데, 이는 하느님이 전달하고자 하는 바를 정확하게 깨닫기 위해서이다. 신학적·교육학적 의도를 지니고 있는 성경의 내용들을 신앙의 관점에서 해석하여 삶의 경험에 조명하고 의미를 부여할 수 있도록 한다. 올바른 해석을 통하여 복음의 메시지가 바르게 전달되어 신앙이 교육되고 또 전승되도록 한다. 해석학의 원리 안에서 신학적 지식 배경을 쌓고 성경의 바른 뜻을 이해하는 것은 신앙 성장의 중요한 밑거름이 되기 때문이다. 다시 말해 해석학적 요소를 통해 성경 본문의 의도된 메시지를 발견하고 하느님의 진리를 찾아간다. 그리하여 자신을 성찰하는 계기를 마련하고 신학을 삶에 적용함으로써 신앙의 뿌리를 내리는 데 궁극적인 목적을 두고 있다.

토론활동

탈출기 14장 21~31절을 읽고, 이집트 탈출의 여정과 광야에서의 사건 이야기를 신학중심 방법론에 적용하여 보자.

> 모세가 바다 위로 손을 뻗었다. 주님께서는 밤새도록 거센 샛바람으로 바닷물을 밀어내시어, 바다를 마른 땅으로 만드셨다. 그리하여 바닷물이 갈라지자, 이스라엘 자손들이 바다 가운데로 마른 땅을 걸어 들어갔다. 물은 그들 좌우에서 벽이 되어 주었다. 뒤이어 이집트인들이 쫓아왔다. 파라오의 모든 말과 병거와 기병들이 그들을 따라 바다 한가운데로 들어갔다. 새벽녘에 주님께서 불기둥과 구름 기둥에서 이집트 군대를 내려다보시고, 이집트 군대를 혼란에 빠뜨리셨다. 그리고 그분께서는 이집트 병거들의 바퀴를 움직이지 못하게 하시어, 병거를 몰기 어렵게 만드셨다. 그러자 이집트인들이 "이스라엘을 피해 달아나자. 주님이 그들을 위해서 이집트와 싸우신다" 하고 말하였다. 주님께서 모세에게 말씀하셨다. "바다 위로 손을 뻗어, 이집트인들과 그들의 병거와 기병들 위로 물이 되돌아오게 하여라." 모세가 바다 위로 손을 뻗었다. 날이 새자 물이 제자리로 되돌아왔다. 그래서 도망치던 이집트인들이 물과 맞닥뜨리게 되었다. 주님께서는 이집트인들을 바다 한가운데로 처넣으셨다. 물이 되돌아와서, 이스라엘 자손들을 따라 바다로 들어선 파라오의 모든 군대의 병거와 기병들을 덮쳐 버렸다. 그들 가운데 한 사람도 살아남지 못하였다. 그러나 이스라엘 자손들은 바다 가운데로 마른 땅을 걸어갔다. 물은 그들 좌우에서 벽이 되어 주었다. 그날 주님께서는 이렇게 이스라엘을 이집트인들의 손에서 구해 주셨고, 이스라엘은 바닷가에 죽어 있는 이집트인들을 보게 되었다. 이렇게 이스라엘은 주님께서 이집트인들에게 행사하신 큰 권능을 보았다. 그리하여 백성은 주님을 경외하고, 주님과 그분의 종 모세를 믿게 되었다.
>
> (탈출 14,21~31)

- 위 복음을 바탕으로 학습할 신학개념(하느님의 개입, 두려움, 경외심, 역경의 시기, 인간의 믿음과 선택, 용기, 해방, 승리 등)을 찾아보고, 이와 관련된 나의 삶의 이야기도 함께 나누어 보자.

- 약속의 땅으로 향하는 이스라엘 백성의 생애를 나의 신앙에 어떻게 적용해 볼 수 있을까?

- 니콜라 푸생(Nicolas Poussin)의 작품 「홍해 건너기」(1633~1634)를 통해 '하느님의 구원역사'와 같은 상위 신학개념으로 발전해 나가는 과정을 설명해 보자.

똑바로 서서 오늘 주님께서 너희를 위하여 이루실 구원을 보아라. […]
주님께서 너희를 위하여 싸워 주실 터이니, 너희는 잠자코 있기만 하여라.
(탈출 14,13~14)

니콜라 푸생의 「홍해 건너기」

제 3 장
해석학적 종교교육

◆ 이론적 배경

　로버트 잭슨(Robert Jackson)의 해석학적 종교교육은 종교에 대한 해석적 접근을 강조한 이론으로 영국의 민족지학적(民族誌學的, ethnographic) 연구방법에 기반하여 다양한 종교문화의 계승 방법과 전통을 이해하는 데에 목적을 두고 있다. 이 연구는 4개의 다른 종교배경을 지닌 학생들을 연구 대상으로 그들의 종교와 문화의 상호작용, 시간 경과에 따른 종교에 대한 관심과 견해변화 등 현장 연구 경험에 전적으로 기초하고 있다. 영국의 워릭(Warwick) 대학교에서 개발한 이 방법론은, 오랫동안 굳어진 관습에 의하여 종교를 묘사하고 해석하는 기존의 종교교육 방식에 대한 비판에서 시작되었으며, 현재 유럽의 많은 나라에서 종교교육의 이론으로 활용되고 있다.
　잭슨의 해석적 접근법은 신앙의 성숙을 도모하거나 믿음의 관점에서 보는 것이 아니라, 종교의 다름을 포용하기 위하여 타 종교에 대한 일반적인 지식 습득, 학생 개인의 경험, 그리고 종교적 표현의 특성을 강조한다. 이를 위하여 이론의 기반이 되는 핵심가치를 아래와 같이 정립해 볼 수 있다.

종교적 전통을 단일하고 동질적인 범주로 표현하지 않는다.

각 종교는 자체적인 고유한 전통을 가지고 있으며, 종교적 전통은 의식, 실천, 관행, 문화적 맥락과 같은 다양한 영역을 포함한다. 이러한 전통은 종교의 핵심을 형성하며 신앙공동체에 반영된다. 현대사회에서는 고유한 종교적 전통과 신념체계가 공존하고 있는 동시에 다양한 종교 공동체도 함께 존재한다. 심지어 같은 종교집단 안에서조차 다양한 문화가 존재하며, 저마다 특정 상황에서 살아가는 사람들로 구성되어 있다. 따라서 종교 안에서의 다양성, 구성원의 고유성, 종교 문화의 특수성, 역동적인 상호 영향력과 같은 요소는 종교적 전통을 이해하고 탐구하는 데 중요한 역할을 한다. 이렇듯 종교적 전통의 다양성을 포용하여, 학습자들이 다른 종교 공동체와 상호존중하고 조화를 이루어 살아가도록 한다. 또한 종교 간의 공존을 통해 평화로운 사회와 긍정적인 다문화주의를 만들어 가도록 한다.

학생들의 사고능력을 중요시한다.

학생들의 사고능력을 중요시하는 종교교육은 종교적 이해와 관련된 사고력과 분석력을 개발하여 다양한 상황에서 더 나은 결정을 내리고, 윤리적으로 판단하고 행동하도록 한다. 특히, 비교의 시선으로 공통점과 차이점을 찾아 서로의 고유한 삶을 인정하여 종교의 다양성에 대해 발견해 나가도록 한다. 이때는 열린 마음으로 자기 생각을 나누고, 상대방이 생각하는 종교 해석의 관점과 경험에 대해 이해하도록 한다. 무엇보다, 복합적인 종교적 세계를 이해하기 위해서는 학습자 자신만의 관점을 가지고 종교와 신념체계를 이해하고 판단하는 사고능력을 갖추는 것이 종교교육 학습과정에서 필수적으로 요구된다.

성찰적 사고를 기반으로 의식적인 성찰학습이 이루어지도록 한다.
성찰학습은 학습자들이 자신의 신앙, 종교적 경험 및 신념을 이해하도록 하며, 더 나은 사람으로 성장하는 데 도움을 준다. 아래는 성찰적 사고를 통한 의식적인 성찰학습이 어떻게 이루어져야 하는지에 대한 내용이다. '비판적 사고' '학습자료의 중요성' '경험의 가치평가'를 중심으로 살펴보자.

■ 비판적 사고

비판적 사고는 종교 경험을 풍부하고 의미 있게 만들어 주며 학습자의 지적 능력을 강화시킨다. 비판적 사고를 통해 종교적 주제와 종교 세계의 의미를 이해하며 복잡한 문제에 관하여 건설적인 대화를 함으로써 자신의 믿음을 발전시키는 과정을 거칠 수 있다. 또한 학습자가 다른 종교나 신념체계를 이해하고 평가할 때, 종교적 편견을 줄이고 다양성을 존중하도록 해 준다.

■ 학습자료의 중요성

종교교육은 종교의 역사, 문화, 의식 및 실천과 관련이 있으며, 이러한 맥락과 관련된 다양한 종류의 학습자료를 활용하여 종교에 대한 기본 이해와 지식을 전달하는 데 기여한다. 또한 다양한 종교와 신앙 체계, 윤리 및 다른 중요한 측면을 다루는 학습자료를 통해서도 종교적 개념을 이해하는 데 도움을 준다. 수업자료의 선정과 목표에 따른 활용은 종교교육의 효과를 극대화시킬 수 있다.

■ 경험의 가치평가

종교를 통해 무엇을 느끼고 경험하는지를 이해하고 자신의 종교적 경험을 중요하게 여긴다. 종교적 경험은 학습자들이 신앙을 일상생활과 어떻게 연결하고 실천하는지를 보여 준다. 이러한 경험을 평가하고 가치를 높이는 것은 다른 종교와 문화의 이해와도 연결되어 다양한 종교적 경험을 존중하도록 돕는다. 학습자들은 자신의 경험이 가치 있는 것임을 발견하고, 자기 삶을 되돌아보며 삶의 방식을 재평가한다. 이처럼 종교교육에서의 경험의 가치평가는 종교 경험을 풍부하게 만들어 신앙을 깊이 이해하고 성장하도록 돕는다.

◎ 해석학적 종교교육의 원리

해석학적 종교교육은 '종교의 다양성'을 이론의 중심개념으로 삼는다. 편협한 시각을 넘어서 종교의 세계를 이해하고 다원적인 시각을 강조한다. 하나의 신앙이나 종교적인 주장이 아닌, 다양한 시각에서 종교를 읽고 표현하기 위하여 현상학적 접근 방식을 취하고 있다. 이러한 방식의 종교교육은 비교의 시선으로 다양한 종교 현상을 객관적으로 이해하고, 각각의 종교에는 고유한 진리가 있다는 사실을 이해하게 한다는 점에서 의미가 있다. 특정 종교의 주장을 넘어서 종교를 주제로 삼아 공통점과 차이점, 다양성을 들여다보며 긴밀한 연관 속에서 종교를 읽고 이해한다. 특히 종교를 비교 문화적 관점에서 다룸으로써, 종교와 사회, 종교와 개인, 그리고 현실 간의 상호작용을 더욱 깊이 알 수 있다.

= 해석학적 접근의 핵심원리 =

해석학적 종교교육의 원리는 표현·해석·성찰로 구성된다.

1. 표현(Representation)

18세기 유럽을 풍미했던 계몽사상은 종교적 표현의 맥락에서 그 의미를 되짚어볼 필요가 있다. 인간의 이성에 근거한 계몽주의는 다양한 영역에 과학을 적용시켜 일반법칙을 만들어내는 보편주의적 입장을 추구하였다. 이성의 기초 위에 비판적 합리주의와 진보를 추구했던 계몽주의 사상은 종교에도 적용되어, 종교적 해석과 권위에 반발하며 세속주의를 추구하고 종교를 과학적이고 객관적인 학문으로 이해하려고 시도하였다. 바로 믿음도 객관적인 관점에서 합리성이 전제되어야 한다는 것이다. 그전까지는 모든 것이 신에게서 나온다는 관념과 함께 성직자가 권력을 독점하며 특권을 누렸다. 계몽주의는 이러한 종교적 권위에 반발하며 종교적 영향력을 제거하고자 세속주의를 추구하게 되었다. 종교적 해석에 의한 세계관에 반대하며, 과학적 방법에 따라 모든 종교를 단일화된 신념체계로 표현하고자 하였다. 주관적인 관점을 바탕으로 하는 종교적 경험을 배제하고, 대신에 인간의 지성을 사용하여 객관적이고 과학적인 학문으로서 종교를 이해하고자 하였다.

해석학적 접근 방식은 위와 같은 계몽주의에서 파생된 종교적 표현방법의 한계를 다루며 단일화된 신념체계로 종교를 묘사하는 것을 비판하고 있다. 종교를 올바르게 표현하기 위해서는 3가지 단위(종교/집단/개인)가 밀접하게 맞닿아 있어야 한다. 다시 말해 광범위한 종교적 전통과 특정 종교집단, 그리고 거기에 속한 개인, 이 3가지 단위가 유기적으로 연결되어야만 온전하게 종교를 읽고 표현할 수 있다.

▌ 종교를 표현하기 위한 필수 단위 ▌

종교의 '표현'이라는 목적을 고려하여 3가지 단위의 범위 및 내용을 다음과 같이 정리해 볼 수 있다.

■ 종교적 전통(Religious Tradition)

가톨릭이라는 명확한 종교적 정체성에 기반하여, 여기에서는 종교적 전통을 그리스도교 전통(Christian tradition)으로 정의해 살펴보자. 그리스도교 전통은 가톨릭 교회뿐만 아니라 다양한 개신교 종파를 포함하며, 신앙과 관습, 문화적 표현을 아우르는 넓은 의미로 사용된다. 그러나 가톨릭을 비롯하여 기독교 교파를 총칭하는 그리스도교의 종교적 전통인 신앙과 교리, 종교활동 및 풍습을 모두 이해하기란 매우 어려운 일이다. 당연히 교회공동체 내부인과 교회공동체 외부인이 그리스도교 전통에 있어 의견이 같을 리 없고 서로 다른 의견이 필연적으로 발생할 수밖에 없다. 뿐만 아니라 수천 년 역사의 흐름 속에 살고 있는 많은 사람 사이에서, 그리스도교 전통에 대한 가치관은 변화되고 새로운 문화가 만들어져 기존의 전통과 상호 작용하는 가운데 꾸준히 변화와 성장을 거듭하고 있다. 따라서 해석학적 종교교육에서는 무엇보다 각각의 개인이 그리스도교 전통에 대해 자신만의 고유한 생각을 형성하는 것을 강조한다. 개인이 그리스도교 전통을 어떻게 이해하고 실천하는지에 따라 전통은 수정되고 새롭게 보완되어 이어져가기 때문이다. 이렇듯 개인은 그리스도교 전통의 계승과 발전을 이끌어가는 데에 중요한 역할을 한다.

'종교적 전통' 단위에서는 그리스도교 전통의 핵심 개념과 특징을 분석하고 토론하는 학습활동이 강조된다. 이를 통하여 전통에 의미와 가치를 부여하며, 그리스도교 전통에 관한 잠정적인 근본 틀을 만들어 나갈 수 있을 것이다.

■ 집단(Group)

종교를 올바르게 표현하기 위해서 이번에는 '집단' 단위에 대해 살펴보자. 여기서 '집단'은 종교집단인 종파와 교파, 소수 종교집단 또는 특정 민족 등을 통칭하여 일컫는다. 예를 들어 가톨릭에서는 교회공동체나 그보다 좁은 범위인 본당공동체를 '집단' 단위로 여길 수 있다. 또는 그보다 더 좁은 집합체인 가톨릭 신앙 배경을 가진 가정에 대하여 연구함으로써 '집단'에 관한 충분한 정보를 얻을 수 있으며, 이는 타 종교에 대해서도 동일하게 적용시킬 수 있다. '집단'은 이전 단위인 '종교적 전통'에 비해 보다 현실적이고 실질적으로 체감할 수 있는 단위이며, '종교적 전통'과의 밀접한 연관을 통해 종교에 관한 '표현'의 이해를 더 넓혀 갈 수 있다.

■ 개인(Individual)

해석적 접근법의 종교교육 원리인 '표현'에 있어 '개인' 단위에서는 인간적인 면모를 더 많이 볼 수 있다. 고유함은 개인의 본질이며 따라서 모든 사람은 고유하다. 사람들은 고유한 개인의 경험과 가치, 그리고 믿음에 대한 고민과 같은 자신만의 이야기 안에서 신앙인의 정체성을 찾아 나간다. 예를 들어 신앙인으로서의 삶과 기도의 응답, 신앙이 흔들렸거나 신앙을 잃어본 경험, 냉담자로서의 시간들, 또는 신앙공동체와 관련된 본인의 솔직한 마음을 다른 이들과 자유롭게 나눌 수 있도록 특정한 주제에 한정시키지 않고 개인의 관심에 대해 포괄적으로 다룬다. 동시에 상대방의 이야기를 듣고 공감하는 과정을 통해 다양한 종교와 문화를 배우고 수용하여 특정 타 종교에 대한 부정적인 편견이나 고정관념을 뛰어넘게 할 수도 있다. 학생뿐만 아니라 이웃 타 종교인을 초대하여 그들의 지식과 경험을 공유하는 등 '개인' 단위에서 다양한 방법으로 종교를 표현해 볼 수 있다.

위 3가지 단위에서 배우고 경험한 사례들은 종교의 다양성이라는 큰 그림을 그리기 위하여 모두 활용된다. 올바르게 종교를 읽고 '표현'하기 위해 '종교적 전통' '집단' '개인'의 단위를 유연하게 연결하여 모든 요소가 조화롭게 어우러지도록 한다. 그렇다고 위 3가지 단위의 우선순위를 명료하게 정해야 하거나 또는 모든 것을 알아야 할 필요도 없다. 왜냐하면 종교에 대한 해박한 지식이나 전통을 명확하게 설명하는 데에 목적을 두지 않기 때문이다. 해석학적 종교교육의 핵심은 타 종교에 대한 존중과 이해를 바탕으로 종교에 대한 전체적인 맥락을 고려한 균형 잡힌 시각으로 종교를 읽고, '표현'할 수 있도록 하는 데에 있다.

2. 해석(Interpretation)

해석학적 종교교육의 원리인 '표현' '해석' '성찰' 중 이번에는 '해석'에 관해 알아보자. '해석'의 원리는 종교적 세계를 내부인의 관점과 학습자(외부인)의 관점으로 대상을 나누어 비교와 대조의 구조를 적용한다. '해석'은 이러한 구조적 특징을 활용하여 신앙인의 종교 해석의 관점, 인식의 구조, 또는 종교적 경험과 같은 종교적 세계에서 공통점과 차이점을 찾는 활동이다. 특히 비교의 관점을 강조하여 각 종교의 세계 안에 살고 있는 내부자의 고유한 삶을 인정하고 다양성을 발견해 나가게 한다. 이 때, 학생들은 뛰어난 감수성을 지닌 존재로서 상대방(종교집단 내부인)의 이야기에 민감하게 반응하면서 동시에 공감하는 마음을 지니고 있다고 여긴다. 이러한 동화(Assimilation) 과정을 통해, 학생들은 종교적 렌즈를 사용하여 내부자의 시각에서 종교적 세계와 그 맥락까지 자신의 인지구조에 통합시켜 스며들도록 한다. 내부자의 관점에서 그

세계에 속한 종교 공동체의 삶에 의미를 부여하고 상호작용하여 특정 종교의 문화와 지식을 형성한다. 이처럼 내부인의 시선을 토대로 다른 관점을 배우고, 각 종교가 취하는 입장을 있는 그대로 인정하는 것은 절대성을 경계하고 복합적인 종교적 세계를 이해하는 기반이 된다. 이러한 접근 방식은 가치중립적이며 다층적인 해석의 양립 가능성을 제공하여 '종교의 다양성'이라는 전체적인 맥락과 연결할 수 있다.

종교는 자신의 고유한 목소리를 지니고 있으며 주관적으로 경험되는 신념을 포함하고 있다. 따라서 특정 종교에 관한 지식과 경험은 학생들의 상황에 따라 해석이 얼마든지 달라질 수 있으며, 마찬가지로 종교적 텍스트와 신념도 다양한 방식으로 해석될 수 있다. 학습자들은 내부자의 시각에서 종교를 들여다보며, 종교적 렌즈를 사용하고 있는 신앙인과의 상호작용을 통해 특정 종교 신앙인들의 해석 관점을 이해할 수 있다. 그리하여 타 종교에 대한 새로운 가치를 창조할 수 있는 다원성과 상대성이라는 긍정적인 태도를 기를 수 있을 것이다.

예를 들어, 가톨릭 신자 학습자들이 '해석'의 원리를 적용하여 불교를 살펴본다고 해 보자. 전 단계인 '표현'의 원리를 통해 그들은 불교를 대상으로 종교적 의미와 가치를 부여하여 '종교의 다양성'이라는 전체적인 맥락에서 이미 불교를 이해하였다. 그럼 이제 '해석'의 원리와 관련하여 불교를 접해보자. 먼저 불교의 종교적 개념과 사상, 실천 등을 자신의 인식과 경험에 비추어 비교하고 대조한다. 이때 불교를 접하는 상황에 따라 경험과 지식은 얼마든지 달라지며, 학습자 자신의 동화 과정을 통해 내부자적 관점에서 불교 전통과 문화를 탐구한다. 학습자는 주체적으로 불교와 관련한 다양한 환경적 맥락과 상호작용하여 불교에 관한 새로운 언어와 가치를 배울 수 있다. 또한 불교를 종교 비교론적 시각에서 이해하기 위하여 공통점과 차이점을 활용하는 것은 다양한 종교의 세계를 이해하는 중요한 틀이 된다. 이러한 비교의 작업은 가톨릭과 불교의 동일함과 차이를 분석하고 드러내는 기본 도구이다. 중요한 점은 단순한 종교 비교 자체가 아니라, 다양한 종교 세계 안에서 해석자의 고유한 방식으로 타 종교의 성스러움을 해석할 수 있는 틀을 만들어 내는 것이다. 비교의 틀은 세계종교를 다원주의 시각으로 해석하기에 적절하며 다층적이고 복합적인 종교의 세계를 이해하는 기반이 된다.

그럼, 종교 간의 이해와 관용을 촉진하는 데 도움이 되는 비교의 시각으로 가톨릭과 불교 간의 주요 공통점과 차이점을 살펴보자. 이때는 '관례, 종교적 텍스트, 신념, 역사와 문화적 영향'과 같은 해석의 대상을 다양하게 주제로 삼아 종교의 본질을 해석해 볼 수 있다. 단, 이슬람이나 유대교 등 익숙하지 않은 종교를 다룰 때에는 사전 지식을 고려하여 수업 설계가 이루어져야 될 것이다. 아래의 예시를 참고해 보자.

	해석의 주제	가톨릭	불교
공통점	<윤리와 도덕성>	두 종교 모두 도덕적 행동과 윤리를 강조한다. 선과 악에 대한 개념을 가르치고, 도덕적이며 선한 행동을 행하기를 권장한다.	
	<이해와 연민>	두 종교 모두 사랑과 자비의 가치를 다루며, 다른	

해석의 주제		가톨릭	불교
		사람들에 대한 이해와 연민을 중요시한다.	
	<기도와 명상>	두 종교 모두 영성의 성장을 위해 기도와 명상의 방법을 가지고 있다.	
차이점	<종교적 의식>	가톨릭은 내면의 평화와 영적 성장을 강조하며 미사와 7성사와 같은 특별한 종교적 의식을 통해 하느님으로부터 은총을 받는다고 믿는다.	불교는 명상과 고요한 관찰을 통해 영적 깨달음을 향해 수행한다. 부처님의 교리와 경전에 중점을 둔다.
	<신념체계>	성부·성자·성령의 삼위일체 신앙은 가톨릭 교리의 핵심이다. 하느님의 사랑과 은총을 통해 인류는 구원을 받을 수 있다고 믿는다.	부처님의 교리와 깨달음으로 구원을 찾으며, 부처님의 가르침을 따르는 것이 핵심이다. 윤회의 개념에 따라 부활과 죽음을 반복한다.
	<삶의 목적>	하느님과의 관계를 형성하고, 영적 성장을 통해 영원한 생명을 얻는 것을 삶의 목적으로 한다.	고통에서 벗어나 해탈을 경험하는 것을 목적으로, 이는 인간 스스로의 노력에 의해 이루어진다.
	<종교적 텍스트>	성경은 가톨릭교회의 중요한 종교적 텍스트이며, 구약과 신약으로 나뉜다.	주요 불교 경전에는 팔만대장경, 대법, 금강경 등이 있으며 각각 다른 불교 교파에서 사용된다.

3. 성찰(Reflexivity)

해석적 접근의 종교교육은 단순한 지식 습득의 측면을 넘어, 학습된 내용을 심층적으로 다루어 기존에 가지고 있던 지식에서 변화를 이끌어 내는 것이다. 전 단계에서 언급하였듯이 타 종교에 관한 지식과 경험은 '해석'을 통하여 새로운 종교문화와 가치를 형성한다. 종교적 '표현'과 '해석'을 통하여 학습된 것을 '성찰' 과정에서는 더욱 능동적인 참여를 요구하며, 나아가 새로운 관점으로 타 종교를 바라볼 수 있도록 관점의 전환을 가능하게 한다. 성찰은 특정 종교에 대하여 자신이 가지고 있던 기존의 신념과 가정에 대한 문제 제기와 더불어 과거의 경험을 비판적으로 사고하는 것을 포함한다. 이를 위하여 학습자들이 고려해야 할 성찰의 내용을 아래와 같이 나타내고 있다.

- √ 삶의 다양한 측면을 깊게 고찰하고, 종교적인 관점에서 자신의 행동, 태도, 가치관 등 살아가는 방식에 대해 평가한다.
- √ 자신의 신념과 가치관을 고려하여 특정 종교의 신앙, 가르침, 규범을 탐구하고, 해당 종교가 인간 삶에 미치는 영향과 상호작용을 살펴보는 과정이다. 이는 학습자가 내적으로 고찰하며 자신의 신념체계를 새롭게 이해하고 조율하는 의미 있는 활동으로, 개인적 성장과 신념의 확장이 이루어지는 과정이기도 하다.
- √ 과거의 종교적 경험 중 어떤 것이 자신의 신념에 영향을 주었는지를 돌아보며, 그 경험이 어떻게 자신의 세계관을 형성하는데 기여했는지 고찰해 본다.
- √ 어떤 종교 경험을 통해 개인의 선입견과 특정 종교에 대한 이해가 형성되었는지를 바라본다. 이때 종교 경험이란 특정 종교의 신앙체계, 의식, 의례 등을 직접 체험하거나 간접적으로 경험하는 과정을 모두 포함한다.

이러한 삶과 종교를 돌아볼 수 있게 하는 성찰의 과정에서 고려할 요소로는 비판적 사고와 대화 중심 학습이 있다.

첫째, 비판적 사고는 학습을 통하여 수집하고 배운 타 종교에 관한 정보를 분석 및 평가하여 가치를 판단하는 능력이다. 어느 때보다 다종교, 다원화되어가고 있는 현대사회에서 비판적 사고력은 종교교육에서 필수적인 역량으로 꼽힌다. 종교는 민감하고도 개인적인 특성이 있으므로 건설적이면서도 세심한 비판이 전제된다. 비판적 사고를 통해 종교와 문화에 대한 선입견과 편견을 인지할 수 있으며, 이는 다양한 신념과 문화적 배경을 이해하고 존중하는 데 중요한 역할을 한다. 비판적 사고에 의해 종교의 다양성을 이해함으로써 여러 종교 간의 공통점과 차이점, 역사적 맥락, 사회적 영향 등을 더 깊이 파악할 수 있다.

둘째, 내적 대화와 학습자 간의 대화를 모두 통합한 대화 중심 학습은 성찰의 핵심 요소이다. 대화 중심 학습은 종교적 이해와 성찰을 촉진하고, 학습자들을 자연스럽게 다양한 종교적 경험과 관점을 나누며 성장해 나가게 한다. 대화 방식의 종교교육은 내적으로 깊이 있는 성찰과 외적으로 다양한 관점을 수용하는 상호작용을 조화롭게 통합함으로써, 학습자들에게 포용적이고 이해심 깊은 종교교육 경험을 제공한다. 이를 통해 학습자들은 자신의 종교에 대한 심층적인 이해를 개발하고, 다른 종교적 배경을 존중하는 태도를 형성할 수 있다. 이러한 다양한 종교교육 경험을 통해 자신과 타인, 그리고 주어진 주제에 대해 깊이 있는 이해를 얻을 수 있다. 특히, 내적 차원의 대화는 학습자 자신의 견해와 다양한 종교적 가치간에 이루어지는 대화라는 점에서 성찰적 사유가 더욱 강조된다. 내적 차원 외에도 학습자 간 대화 또는 교사 간 대화, 그룹 토론, 팀 프로젝트과 같은 협업적인 학습 활동을 통해 서로의 관점을 나누고 토론할 수 있다. 대화를 통한 상호작용은 다양한 수준의 성찰을 가능하게 하며, 지식의 습득뿐만 아니라 종교적인 믿음과 가치에 대한 새로운 관점을 이해하는 데 도움을 준다. 그리하여 자기 평가의 기회를 제공하며 이는 성장과 변화를 이끌어내는 데 기여한다.

◎ **해석적 접근의 종교수업에서 고려해야 할 사항**

해석적 접근법을 활용한 종교수업을 효과적으로 진행하고 학생들의 적극적인 참여를 유도하기 위해서 교사가 고려해야 할 사항들을 다음과 같이 정리할 수 있다.

- 교사는 학습자들이 이미 소유한 종교와 관련한 기본 배경 지식뿐만 아니라 종교 정체성과 같은 전제조건을 주의 깊게 파악하고 인지한다. 이는 학생들의 출발점을 정확히 이해하며, 개개인의 종교적 배경과 신념체계를 이해하여 수업 내용을 적절하게 맞춰 의미 있는 학습을 하도록 돕는다.

- 각 종교의 특유한 언어와 어휘, 그리고 특정 개념들을 쉽게 이해할 수 있도록, 설명과 함께 목록을 미리 제공하여 학습을 보다 효과적으로 지원한다. 종교적인 주제들은 종종 복잡하고 특수한 용어들로 이루어져 있기 때문에, 각 종교의 용어와 개념을 시각적으로 정리하고 학습과정에서 혼란을 최소화 하기 위해 다양한 자원을 활용한다.

- 종교교육에서는 학습자들이 자율적이고 능동적으로 수업을 경험할 수 있도록 주의를 기울인다. 특히 수업의 시작 부분에서는 학습동기를 유발할 수 있는 상황이나 자료를 활용하여 학습의 효율성을 높이기 위해 노력한다. 예

를 들어 학생들의 호기심과 관심을 자극하는 종교적 주제나 전통에 관한 자료를 선택하여 수업을 진행할 수 있다. 그러나 수업이 자유롭게 설계되었다 하더라도, 항상 수업 안에서 '표현','해석','성찰'의 세 가지 원리가 모두 적용되고 있는지 검토한다. 이러한 접근은 학습자들이 종교적인 주제에 개방적으로 참여하며, 동시에 자신의 신념과 관점을 자유롭게 나타낼 수 있도록 한다.

- 다양한 종교적 경험과 사례를 소개함으로써 타종교에 대한 관점의 변화 과정을 살펴본다. 학습자들은 다른 종교의 실제적인 실천과 신앙 경험을 이해하면서 서로 다른 종교적 전통에 대한 폭넓은 시각을 발전시키게 된다. 이 과정에서 학생들은 개인적인 성찰을 통해 자신의 세계관을 조율하고 다양성에 대한 이해를 확장하여 종교교육의 목표를 달성할 수 있다.

- 표현·해석·성찰의 3중 구조를 효과적으로 구현하기 위한 방법을 탐색한다. 종교적 세계를 올바르게 읽고 표현하여, 다양한 관점에서 종교적 주제를 이해하고 해석할 수 있어야 한다. 그리하여 학습자들은 수업에서 얻은 종교에 관한 지식과 경험, 해석된 내용을 깊이 성찰하여 자신의 신념, 가치관, 그리고 삶의 목적에 대한 깊은 이해를 얻을 수 있다.

- 특정 종교에 대한 폭넓은 이해를 위해서는 해당 종교 공동체 구성원들과의 대화와 소통이 중요하다. 그들의 공동체에 참여하고, 일상적인 소통을 통해 그들의 언어와 문화를 배우며, 특히 종교적 의례에 대한 이해를 높이는 것이 필요하다. 이러한 노력을 통해 종교 간의 언어적인 장벽을 극복하고 서로에게 더 가까워질 수 있을 것이다.

◈ 교육적 의의와 활용 방향

해석학적 종교교육 방법론은 종교를 역동적인 시각에서 살펴보며 변화가 가능한 것으로 간주하고 있다. 이 방법론은 종교 전통과 관련한 종교·문화 집단 및 개인 사례를 연구함으로써 종교에 대한 깊은 통찰을 얻을 수 있다고 입증하고 있다. 더불어 학습자들에게 익숙한 개념과 경험을 활용하여 자신의 세계와 다른 종교를 신뢰성 있게 비교하고 대조하며, 특징을 찾아내어 이해하도록 유도한다. 따라서, 이 방법론에 적용된 민족지학적 연구는 특정 종교에 대한 내부와 외부의 종교적 맥락의 차이와 그 관계를 설명하는 데 적절하게 활용될 수 있다. 특히 신앙공동체 내부의 상호작용과 외부와의 상호작용과 같은 종교 및 문화적 상호작용의 복잡성과 종교의 고정관념에 도전하는 내용을 다루는 데 효과적이다.

 해석적 접근을 통한 종교교육에서는 수업 주제로 학습자들의 종교적이며 문화적인 경험을 적극적으로 활용한다. 이러한 방식으로, 서로 다른 종교를 지닌 학생들 간의 교류와 상호작용을 통해 새로운 경험을 얻으며 수업 내용을 다양화할 수 있을 뿐 아니라 종교개념을 풍부하게 발전시킬 수 있다. 이 과정에서 학습자들에게 창의적인 접근을 촉진하기 위해 비판적 사고와 의사소통 능력의 필요성을 강조한다. 게다가, 교사는 수업을 진행하기 전에 미리 학생들의 믿음, 가치관, 신앙적 체험 등 다양한 문화와 종교적 신념을 파악하는 것이 매우 중요하다. 이를 통해 교사는 학생들의 흥미와 관심사를 이해하며, 각 개인의 종교적·문화적 특성을 파악한다. 이러한 접근을 통해 학생 개개인에게 맞는 종교교육 환경과 방법을 모색하여 종교의 다양성에 대한 이해를 확장시키는 것이 목표이다.

토론활동

- 각 종교는 그 자체의 독특한 신념체계와 규범을 가지고 있다. 하지만 여러 종교의 가르침을 비교하여 공통적인 가치를 찾아보자.
- 종교수업에서 어떤 방법들이 학습 동기를 유발하고 흥미를 유지하는 데 효과적인가?
- 종교의 다양성이 평화를 이루는데 어떻게 기여할 수 있는가? 또한, 종교 간의 이해와 협력을 강화하기 위한 구체적인 방안은 무엇인가?
- 종교와 관련된 편견을 극복한 실제 이야기를 나누어 보자.

제 4 장
영성개발을 위한 종교교육

◈ 이론적 배경

앤드류 라이트(Andrew Wright)의 교육 방법론은 자유주의 교육 원리에 기반한 종교교육에 대한 비판적 시각을 취하고 있다. 자유주의 종교교육관은 기본적인 교회의 가르침, 전통, 그리고 성경 지식을 소홀히 하고 있으며, 성경이 아닌 현재의 삶에 중점을 두어 해석하는 경향이 있다. 이는 종교적 해석에서 권위 부족이라는 모순뿐만 아니라 지나치게 경험 중심이나 학생 중심적인 종교교육 접근방법이라는 비판도 받고 있다. 더불어 종교적 성찰과 기도를 통한 종교 정체성을 확립하는 대신에 공동체 관계에서 형성하는 것에 중점을 둔다는 점도 비판의 대상이 되고 있다. 자유주의 사상은 종교적 보편주의를 통해 종교 간의 평화 공존을 추구하며, 이는 신앙의 다양성을 인정하는 종교 다원주의에 기반한다. 여러 종교가 교리와 경전이 표면적으로는 다르지만, 궁극적으로는 하나의 진리를 공유한다는 논리를 따르고 있다.

라이트의 '영성개발을 위한 종교교육'은 이러한 종교적 보편주의의 한계를 우려하며 이를 부분적으로 비판하고 있다. 다시 말해, 자유주의 종교교육 방법을 완전히 거부하는 것이 아니며, 더불어 문제점을 극복하기 위해 예전처럼 교리에 충실하고 신앙의 정통성을 지향하는 종교적 근본주의로 돌아가자는 것도 아니다. 오히려 자유주의 종교교육 방법의 많은 측면이 유지되어야 하며, 동시에 긍정적으로 발전하고 개선되어야 한다. 따라서 앞에서 소개한 종교적 보편주의 입장을 가진 헤이의 '체험중심 종교교육'과 잭슨의 '해석적 접근의 종교교육' 방법에 대한 문제 제기와 함께 보다 바람직한 교육관을 제시하고자 한다.

◆ 영성과 영성 문해력

종교교육의 거장인 라이트는 영성을 종교교육의 중심에 두고 있다. 영성을 종교교육의 핵심으로 보는 관점에서, 자유주의 사상을 바탕으로 한 오늘날의 종교교육을 '공허한 포용주의'(Vacuous inclusivism)와 '교의적 배타주의'(Dogmatic exclusivism)를 주요 특징으로 꼽고 있으며, 이는 종교적 균형 감각을 유지하는 데 어려움을 내포하고 있다. 이러한 방법으로는 영성 문해력(Spiritual literacy)을 키우는 데 한계가 있다. 따라서 종교교육은 다양한 시각을 통해 삶의 각 영역과의 관련에서 영성을 식별하고 발전시키며, 영성 문해력을 향상시키기 위한 방향을 모색해야 한다. 이와 같은 맥락에서 영성이라는 개념을 어떻게 정의하고 받아들여야 하는지 알아보자.

영성은 다양한 측면에서 역동적으로 실현되는데, 특히 신성과 세속성의 이원론적인 관계에서 이를 살펴볼 수 있다. 신성과 세속성은 상반된 측면으로 여겨지지만, 영성은 이 둘 간의 조화를 통해 발전한다. 또한 종교적 전통은 영성의 발전을 이끄는데, 이는 종교적 실천과 세속적 경험을 조합하여 깊은 의미를 찾아가는 과정으로 나타난다. 이러한 연결은 종교적 전통의 가르침을 통해 영성을 키우고, 일상적인 경험을 통해 영성을 풍부하게 발전시키는 상호작용의 결과로 이해할 수 있다.

■ 신성과 세속성 사이의 이원론적 관계에서의 영성

— 영성은 두 가지 다른 세계, 즉 신성한 영역과 일상적인 현실 사이에서 나타난다. 즉, 정신과 물질의 관계에서 그 본질이 드러난다. 이것은 신비로운 측면과 일상적인 삶 간의 상호작용으로 이해될 수 있다.

— 개인의 존재를 초월적인 차원으로 이끌어 주는 중요한 역할을 한다는 관점이다. 영성을 통해 자신의 삶에 의미를 부여하고, 인간 존재의 목적을 이해하며, 진리를 깨닫게 된다.

■ 종교적 전통 안에서의 영성의 발전

— 영성은 종교적 전통 안에서 궁극적인 관심, 가치, 그리고 진리로 인식되는 것들을 발전시켜 나가는 과정을 의미한다. 종교

의 지혜와 가치를 따르면서 내면의 풍요로움과 깊은 이해를 얻는 과정이다.

― 영성은 정적이거나 고정된 것이 아니라, 종교적 실천과 경험을 통해 지속적으로 성장하고 확장되는 개념이다. 즉, 영성은 삶의 여정에서 계속해서 발전하며, 종교적인 경험과 실천을 통해 더 깊은 차원으로 확장될 수 있다. 이는 영성이 변화하고 발전하는 개인의 성장과정을 강조하는 것이다.

이러한 영성의 측면을 고려하여, 영적 민감성(Spiritual sensitivities)을 강조하는 헤이와 나이(Hay and Nye 1998, p.65)의 세 가지 범주를 소개하고자 한다. 헤이와 나이의 인지 감각, 신비 감각, 가치 감각은 영성의 경험을 풍부하게 하고 영적 민감성을 높여, 영성의 깊은 차원을 발전시키는 데 기여한다.

1. 인지 감각(Awareness Sensing)

- "지금-여기"의 시간과 장소에 대한 인식 능력을 키움으로써, 즉각적이고 예리한 경험을 갖는 것을 의미한다.
- 인지 감각은 우리의 인생을 밀물과 썰물처럼 삶의 상승과 하강을 느끼는 것뿐만 아니라, 예리하면서도 깊은 의식 수준에서의 경험을 의미한다. 이 과정에서 우리는 우리 자신을 성찰하고 있는 존재로까지 자각하는 성찰적인 경험도 포함한다.

2. 신비 감각(Mystery Sensing)

- 이해할 수 없는 삶의 경험에 대한 인식을 강조하며, 초월적 세계에 대한 경외감과 경이감을 느끼게 한다.
- 능동적 상상력을 발휘하여 신비로운 측면

을 자극하고 일깨워, 내면의 심오한 영역을 탐험한다.

3. 가치 감각(Value Sensing)

- 인생의 여정은 좋은 순간과 어려운 시간이 번갈아가며 찾아오고, 긍정적인 감정과 부정적인 감정, 기쁨과 슬픔으로 다양하게 묘사된다.
- "실존적 성격을 띠는 문제"인 존재, 삶, 의미와 관련된 복잡한 주제를 다루며, 이는 일상에서 생명의 신비를 발견하고 진리, 선의 궁극적 가치, 그리고 인생의 의미를 찾는 노력을 함축하고 있다.

이러한 영적 민감성의 범주들은 각자의 고유한 방식으로 영성을 활성화시키고 심화시켜, 내면의 성장과 의미 있는 삶을 찾아가는 방향으로 이끈다.

라이트의 종교교육 방법론은 영적 감수성을 배양하고 개인의 내적 경험을 중시하여 영적 성장을 이루고자 한다. 사람은 영성적인 존재다. 매우 높은 수준의 영적 자각 능력을 지닌 사람과 그렇지 못한 사람의 정도의 차이가 있을 뿐, 인간의 보편적 특성으로서의 영적 자각은 삶의 궁극적인 의미와 목적을 발견하고 초월적인 신비로움을 느끼게 한다. 이러한 영적 민감성은 특정 종교의 전통뿐만 아니라 모든 종교를 아우르는 보편적인 신학, 더 나아가 무신론과 불가지론에서도 다뤄질 수 있다. 이는 특정 종교의 진리뿐만 아니라 인간 본연의 온전함, 폭넓은 이해와 수용을 지향하는 성향을 반영하기 때문이다. 따라서 종교교육은 본질상 결코 가치 중립적일 수가 없다. 종교교육이라는 활동은 특정한 영적 전통에 기초하여 삶의 목적에 대한 비전을 추구하고, 신앙적이며 영적인 것을 심거나 형성할 수 있는 것을 의미한다. 그렇기 때문에 특정한 영적 전통이 바른 영성인지를 분별하고 또 효과적인 영성 양육과 영성 문해력 발달을 위하여 힘써야 할 것이다. 한 걸음 더 나아가 높은 수준의 영성 문해력을 갖추어 특정한 영적 전통뿐만 아니라 다른 영적 전통에도 비판적으로 다가갈 수 있는 기회가 필요하다.

◈ 삼위일체 영성에 대한 입장

삼위일체는 신비이며 가톨릭 신앙의 핵심이다. 성부, 성자, 성령의 세 위격이 하나로 일치하고 계신다는 삼위일체는 하느님에 대한 거룩함과 신성을 깨닫게 한다. 가톨릭교회는 창조와 성경에 기록된 계시, 역사적 체험에 근거하는 삼위일체의 신비를 믿고 고백한다. 하느님께서는 창세기의 천지창조를 통해 "우리의 모습을 닮은 인간을 만들자"(창세 1,26)라고 말씀하시며 사람 안에 담겨진 하느님의 신비로움과 함께 인간의 영적 특성을 암시하신다. 칼 라너(Karl Rahner)는 삼위일체 하느님에 대하여 '우리 인간을 창조하시고 구원하시며 완성으로 이끄는 사랑의 하느님'이라고 묘사한다. 삼위일체 영성은 자아 성찰적 경험에 중심을 두지 않고, 삼위일체 하느님과 올바른 관계를 맺으며 신비를 묵상하고 찬양하는 것에 뿌리를 두고 있다. 많은 신학자는 삼위일체를 일치와 사랑의 영성에 초점을 맞춘다. 사랑의 관계로서 하나이신 삼위일체 하느님을 체험하고 본받아 우리도 서로에게 모든 것을 온전히 다 내어주는 사랑의 관계를 통하여 하나가 된다. 삼위일체는 믿음의 대상이며 신앙의 신비다.

하지만 이러한 삼위일체 영성은 학습자 중심 교육을 표방하고 있는 기존 자유주의 종교교육관과는 상충된다. 교육의 주체인 학생의 자율성, 흥미, 경험 및 활동을 강조하지 않고, 가톨릭교회의 정통 신앙 교의를 추구하기 때문이다. 삼위일체는 우리 인간이 다만 믿고 순종해야 하는 신비이기 때문이다.

그렇다고 라이트는 자유주의적 종교교육의 문제를 해결하기 위한 대안으로 삼위일체 영성을 제시하는 것이 아니다. 그는 다만 삼위일체를 영성을 표현하는 다양한 방법의 하나로 소개하고, 영적 성장 과정의 하나의 방법으로 설명하고자 한다. 그는 과거의 형태로 삼위일체의 근본 교리와 영성, 신학적 고찰을 강조하는 종교교육으로의 회귀가 아님을 분명히 하고 있다.

◎ 비판적 영성 종교교육의 원리

1. 종교의 질적 다원주의(Qualitative Pluralism)

대개 종교교육 과정은 세계 주요 6대 종교인 그리스도교, 이슬람, 유대교, 힌두교, 시크교, 불교를 다루고 있다. 다양한 종교와 종교문화가 공존한다는 종교 다원주의는 타 종교에 대해 관용과 포용을 강조한다. 하지만 다른 종교를 어느 정도까지, 어떻게 인정하느냐는 다른 문제이다. 다원성을 위하여 단순히 모든 종교를 아무런 가치판단 없이 가치 중립적인 시각으로 보는 것에 그치는 것은 아닌가? 모든 종교는 근본적으로 같다는 일종의 무관심적 상대주의의 관점에서 바라보고 있지는 않은가? 또는 여러 종교의 표면적인 의미에 집중하여 외적 부분만 이해하는 것은 아닌지 돌아보아야 한다.

라이트는 지금의 현대사회가 양적 다원주의(Quantitative pluralism)보다 질적 다원주의(Qualitative pluralism)에 가치를 두고 성장을 도모해야 한다고 주장한다. 질적으로 성숙된 종교 다원주의는 종교 간에만 아니라 종교 안 내부에서도 다양한 이슈와 문화, 또는 여러 사상이 공존하고 있음을 고려한다. 다원주의는 이질성을 인정하는 것인데, 이는 비단 타 종교와의 관계에서뿐만 아니라 하나의 특정 종교를 다룰 때에도 적용된다. 즉 동일함 속에서도 다름의 이질성을 찾고 다각적인 특징을 인지하여 해석하기를 강조한다. 예를 들어 그리스도교를 소개할 때, 제시할 수 있는 여러 관점을 아래와 같이 나열할 수 있다.

① 근본주의적 그리스도교
- 사회와 문화에 무관심하며, 세상과의 분리를 강조한다.
- 오직 하느님의 말씀에 초점을 두는 복음주의적 성격을 지니고 있다.

② 자유주의적 그리스도교
- 권위적인 신앙에서 벗어나고자 하며, 사회를 변혁하고자 한다.

- 약자의 아픔과 사회정의에 관심을 두는 자유주의적 성향을 가지고 있다.
③ 신정통주의적 그리스도교
    - 근본주의와 자유주의의 중간위치에 있다.
    - 성경을 강조하면서도 삶 속에서 하느님의 인격성을 경험하여 사랑과 은혜를 발견하는 신정통주의적 성향을 갖고 있다.
④ 맹목적인 믿음에 갇힌 그리스도교
    - 맹목적인 신앙에 주안점을 두며, 다양성을 간과하는 경향이 있다.

이처럼 그리스도 신앙은 동일한 기초를 바탕으로 하되, 각자의 시각과 특징을 살려내며 상호 연관성과 맥락을 통한 다원주의를 강조하고 있다. 이러한 다양성을 이해하고 인정함으로써 그리스도교의 풍부한 면모를 파악할 수 있다.

여러 종교가 공존한다는 종교 다원주의는 종교의 특수성과 상대적 진리성을 함께 인정함으로써 무의미한 상대주의에 빠지지 않을 것을 강조한다. 다시 말해 다원주의라는 미명 아래 모든 것을 관용하듯 너도 맞고 나도 맞다는 식의 상대주의를 표방한 종교적 방임주의를 경계하고 있다. 또한 비판적 영성 종교교육은 폭넓은 종교적 다원주의를 바탕으로 한다. 심지어 종교 원리주의, 배타적 종파주의와 같은 갈등을 야기하는 극단적인 형태의 종교를 비롯하여 지적·도덕적·미학적 근거에 바탕을 둔 무신론적 통찰에 이르기까지 성찰의 대상으로 다루고 있다.

2. 인간의 타고난 내재적 영성

대표적인 종교수업의 한 형태인 신앙고백적 종교교육(Confessional religious education)은 교리와 성경 말씀을 통하여 학생들의 믿음을 성장시키며 신앙생활의 핵심인 성사를 통해 하느님 은총의 깨달음을 목적으로 한다. 특히 전통적인 신앙고백적 종교교육에서는 학습자를 단지 성숙한 신앙인으로 성장시키고 가르쳐야 할 대상으로 여기는 경향이 강했다. 하지만 자유주의 사상의 영향으로 학생관에 대한 이해의 변화를 관찰할 수 있다. 즉, 학습자들은 타고난 종교성과 영성의 잠재력을 지니고 있긴 하나 분명한 믿음과 실천이 아직 드러나지 않은 것뿐이라는 변화된 학생관을 담고 있다. 이러한 학생들의 내재적 종교성은 미래 지향적 및 추상적이고 이상화된 성격을 띠지만, 이것이 반드시 긍정적인 신앙의 태도로 이어지거나 종교적 신념의 일관성을 유지하지는 않는다.

한편, 인간에게 내재된 영성과 종교관은 어떤 경우에도 가치 중립적인 입장을 취하기 어려운 특성을 지니고 있다. 그것이 신앙에 대한 헌신에서부터 조롱과 거부, 혹은 무지와 불가지론의 형태까지, 어떤 식으로든 종교관은 잠재되어 있기 때문이다. 따라서 비판적 영성 종교교육은 학습자들의 내면에 지니고 있는 영성, 신앙, 그리고 신념이 충분히 드러날 수 있는 효율적인 수업 방법을 제시하고자 한다.

3. 이데올로기를 넘어

근대 자유주의의 등장은 세속화와 함께 종교교육에 대한 입장에도 많은 변화를 가져왔다. 자유주의 원리는 가치의 상대성을 주장하며 편견 없이 종교를 탐구할 수 있는 중립적인 관점을 제공하면서 서로를 존중하는 관용의 기틀을 마련하였다. 동시에 학습자를 이성과 자유의지를 가진 주체적인 자아로 보는 학생중심의 종교교육을 강조하였다. 또, 신앙을 주입하거나 일방적으로 종교의 가르침을 강제하는 것은 세속성을 무너뜨리는 월권이자 종교자유에 대한 억압으로 여겼다. 하지만 지나치게 강조되고 있는 학생중심 및 현실주의적 종교교육 철학은 종교적 본질을 도외시하였다고 볼 수 있다. 이에 대한 대안으로 종교의 고유한 전통적 가르침을 전수해야 한다는 입장이 등장하게 된다. 이는 곧 기초지식을 강조하는 본질주의적 종교교육 철학으로 이어지고 있다.

이러한 배경을 바탕으로, 종교적 및 세속적 전통을 둘러싼 양극단의 이데올로기적 종교교육 이념을 피하는 것이 중요하다. 다양한 교육사조를 식별할 수 있는 지식, 기술, 그리고 지혜를 제공하여 특정 이데올로기적 종교관에 지나치게 치우치지 않고 조화롭게 균형을 유지하는 것이 중요하다.

4. 종교 문해력(Religious Literacy) 키우기

여러 종교와 문화가 공존하는 다원주의 사회에서 평화로운 공존을 위하여 종교 문맹 타파의 중요성이 크게 대두되고 있다. 종교 문맹은 정치, 경제, 사회, 문화 등을 복합적으로 이해하지 못한 채 일어나는 타 종교에 대한 무지와 배척으로 표현된다. 종교 문맹으로 인한 타 종교에 대한 고정관념을 개선하기 위하여 종교 문해력이 필요하다. 종교 문해력은 다양한 종교를 편견 없이 이해함과 동시에 식별, 분석하는 능력으로 종교 간의 갈등을 평화로 이끄는 힘이기도 하다. 종교 문해력의 목적은 특정 종교의 교리와 실천에 공감하거나 지지하는 것이 아니라, 상호 복합적으로 얽혀 있는 현실적 상황을 반영하여 각 종교의 주장을 합리적으로 읽어내는 것에 있다. 학생들은 종교적 민감성을 바탕으로 정보에 입각한 비판적 대화를 통해 종교적 지식을 확장함으로써 종교 문해력을 높일 수 있다. 이는 현대 세속사회에서 다양한 종교적 배경을 가진 사람들이 함께 살아가기 위하여 갖추어야 할 필수적인 능력이다.

◆ 영성개발을 위한 종교교육 학습모형

■ 나선형 학습 원리 적용

비판적 영성 종교 교수법은 선형(Linear)이 아닌 나선형(Spiral) 교육과정의 원리에 뿌리를 두고 있다. 즉 일련의 주제를 수준을 달리하여 반복적으로 학습함으로써 그 폭과 깊이가 심화되도록 구성하는 것이다. 이는 동일한 개념을 다루되, 학습자의 발달단계에 맞추어 질적·양적인 측면에서 심화되고 깊어지는 것을 의미한다. 다시 말해, 지식의 구조를 폭은 깊게, 범위는 넓혀 동일한 내용을 더욱 확장하는 방식이다.

비판적 영성 종교교육 학습모형의 핵심은 나선형 구조를 적용한 계속성과 계열성이다. 계속성은 기본개념과 중요한 주제의 반복을 의미한다. 그리고 계열성은 배우는 내용의 폭과 깊이가 심화, 확장되는 것을 뜻한다. 종교교과는 타 과목에 비해 다루는 개념이 추상적인 특징을 지니고 있기 때문에 내용의 반복과 심화를 강조한 나선형 학습이 효과적이다. 학생들은 계속에서 일련의 주제를 둘러보고 주기적으로 동일한 성격의 문제로 돌아와 검토함으로써 내용은 반복되지만 단순 반복이 아닌 폭과 심도가 더해져 되풀이되기 때문이다.

나선형 구조를 활용한 비판적 영성 종교교육 이론을 세 가지 영역, 즉 첫 번째로는 학습자의 지평, 두 번째로는 종교의 지평, 그리고 세 번째로는 종교 문해력 향상을 위한 지평의 통합에 대해 아래와 같이 소개한다.

영역	내용
Ⅰ. 학습자의 지평 (The Horizons of the Pupil)	- 주제 소개 (Basic introduction to the topic) - 주제 탐색 (Open exploration of the topic) - 학생들의 신념 표현 (Articulation of initial beliefs)
Ⅱ. 종교의 지평 (The Horizons of Religion)	- 상충되는 종교적 및 세속적 관점의 스펙트럼 제시 (Presentation of a spectrum of conflicting religious and secular perspectives) - 스펙트럼 내에서 자신의 입장 표명 (Location of pupils' positions within this spectrum)
Ⅲ. 지평의 통합 (The Engagement of Horizons)	- 비판적 사고 개발 (Development of critical thinking skills) - 지평을 아우르는 대화 (Conversation across and between horizons) - 자신의 입장 재표명 (Re-articulation of pupils' initial position)

영역 및 내용

= 활동 단계 =

1단계: 학습자의 지평(The Horizons of the Pupil)

앞에서 언급한 바와 같이 인간에게는 본능적으로 내재되어 있는 영성과 종교성이 있다. 따라서 종교교육은 우선 학습자 안에 내재된 영성과 종교성을 분명하게 인지하고 드러내어, 타고난 종교성 계발과 함양을 도모하고자 한다.

예를 들어, '신의 존재'라는 주제로 일련의 수업을 한다고 가정해 보자. 신의 존재 여부는 증명할 수 있는 문제가 아니라 개인마다 가지고 있는 가치 또는 세계관이라고 볼 수 있다. 신의 존재 여부에 관해 유신론, 무신론에 이어 신의 존재를 부정하는 불가지론의 개념도 함께 소개를 하며, 신이 실제로 존재하는지에 대한 다양한 입장과 그 논리를 탐구한다. 그리고 신의 존재를 믿는지 또는 믿지 않는지, 그리고 그 이유를 브레인스토밍을 통해 여러 가지 아이디어를 구상하여 분류 및 정리해 볼 수 있다. 이때, 교사는 자유로운 분위기 속에서 소규모 토론식 수업 방법으로 진행하여 학생들이 창의적이고 다양한 아이디어를 나눌 수 있는 학습환경을 만들도록 한다.

먼저, 신이 존재한다는 유신론에 대한 입장을 살펴보자. 유신론은 더 높은 힘이나 최고의 존재가 있다고 주장하며, 신의 존재를 인정하는 입장으로, 이는 인간 내면의 영성과 종교성을 강조한다. 더불어 신과의 만남, 곧 하느님과의 만남에서 필요한 것이 무엇인지를 설명하는 과정에서 교사는 믿음이라는 개념을 도입할 수 있다. 왜냐하면 하느님의 존재를 단순히 말로만 설명하기에는 부족하기 때문이다. 나아가, 교사는 하느님과의 만남을 통해 신앙의 성장과 변화를 다루는 새로운 주제와 개념을 제시하여, 나선형 단계의 원리를 적용한 후속 학습이 이루질 수 있도록 한다. 다시 말해, 유신론이라는 핵심 아이디어에서 믿음, 신앙과 같은 진보된 개념을 도입함으로써 학습의 난이도를 점진적으로 높인다. 신의 존재라는 다루는 내용은 동일하지만, 이를 반복함으로써 내용의 범위와 깊이가 확장되어 추상적 사고 및 심층적 이해를 발달시킬 수 있다.

다음으로, 신이나 신성한 존재를 부정하는 무신론에 대하여 알아보자. 신적 존재를 얼마나 적극적으로 부정하느냐에 따라 강한 무신론과 약한 무신론으로 분류할 수도 있다. 교사는 신의 부재에 대한 입장과 그 논리를 살펴보며, 지식의 구조를 학습자의 발달단계에 맞게 점차 심화시킨다. 즉, 무신론을 촉진하는 과학, 이성, 진화론 등 수준을 올려 가며 배우는 내용을 확장하고 반복한다.

다음으로, 신의 존재를 긍정도 부정도 하지 않는 불가지론에 대해 살펴보자. 불가지론이란 신의 존재를 알 수 없거나 인간의 경험과 지식으로는 증명이 불가능하다는 주장이다. 유신론, 무신론과 마찬가지로, 불가지론에서도 나선형 교육과정 구조를 적용하여 지적 겸손이나 회의주의와 같은 새로운 개념을 접목시킬 수 있다. 예를 들어, 회의주의는 인간의 인식이 주관적이고 상대적이라고 보아 보편타당한 절대적 진리의 존재 여부를 알 수 없음을 강조하는 사상이다. 이처럼 불가지론의 개념에 기반하여 통일성과 연속성을 유지하며 학습하는 것은 학생의 사고발달에 이바지할 수 있다.

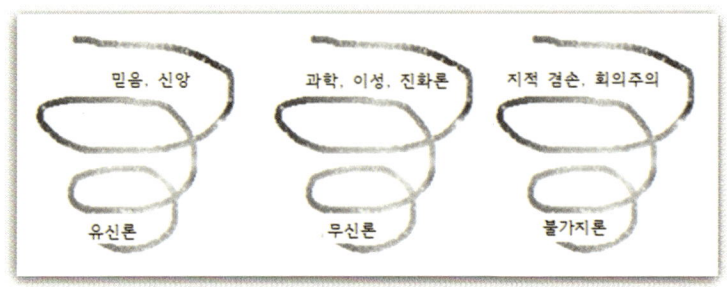

'신의 존재' 유무에 따른 '학습자의 지평'

　마지막으로 학생들은 '신의 존재'라는 주제에 대하여 개방된 응답이 가능할 때, 학생들은 자신의 특정 입장을 옹호한다. 그리하여 유신론, 무신론, 또는 불가지론을 선택한 학생들은 신의 존재에 대한 자신의 견해를 뒷받침할 논거를 제시하며 입장을 정리하고 정당화한다.

　위와 같이 비판적 영성 종교교육 방법론의 첫 번째 단계인 '학습자의 지평'에 대한 예시를 보았듯이, '신의 존재'라는 주제를 지식의 구조로 삼아, 학생들이 내재된 영성을 인지하고 이를 기반으로 한 종교교육을 할 수 있다. 이 방법은 쉬운 것에서 어려운 것으로, 간단한 것에서 복잡한 것으로, 지적 성격의 동일성을 유지하며 학습자의 성장단계와 학습 내용을 확장해 나간다. 이렇듯 '학습자의 지평'에서는 나선형 구조에 의한 지식 전달을 통하여 논제에 대한 근원적인 탐구가 이루어진다. 이 단계에서는 학생들이 주제에 관한 이해를 향상시키고, 솔직하게 자신의 입장을 선택하는 것이 가능하다.

2단계: 종교의 지평(The Horizons of Religion)

두 번째 단계는 종교에 관한 다양한 시각 중 하나를 선택하여 학습자 자신의 종교관이나 세계관을 구체화하는 과정이다. 앞서 말한 대로, 종교에 대한 '양적 다원주의'가 아닌 '질적 다원주의'를 중시하여 종교와 관련된 이슈, 문화, 그리고 사상들이 공존함을 고려한다. 이를 위해 교사는 종교적 관점의 범위를 좁히고 토론의 주제에 대해 적절한 관점을 선정함으로써 종교적 해석을 집중적으로 다루며, 이와 연관된 사회 및 문화적 현상도 함께 탐구할 수 있도록 한다. 이 과정에서 유의할 점은 찬성과 반대가 적절히 나뉘는, 상반되는 가치와 관점들을 제시하여 논쟁의 쟁점을 명확히 하는 것이다.

예를 들어, 첫 번째 단계에서 살펴본 '신의 존재'라는 주제로 두 번째 '종교의 지평' 단계에서의 학습방법을 구체적으로 살펴보자. 첫 번째 단계인 '학습자의 지평'에서 이미 학생들은 유신론, 무신론, 불가지론에 대한 개념적 이해와 함께 자신의 입장을 잠정적으로 선택하였다. 두 번째 단계인 '종교의 지평'에서는 신의 존재에 대한 입장 차이가 끼치는 영향에 대하여 깊이 다룬다. 신에 대한 믿음의 차이는 종교적 신념에 대한 논의에서부터 과학, 교육, 윤리, 사회 제도에 미칠 수 있는 영향에 이르기까지 광범위하게 분석되고 토론될 수 있다. 우선, 교사는 관점의 범위를 좁혀 '신의 존재'와 관련한 주요 쟁점으로 유신론적 가치에 근거한 종교주의와 그와 반대로, 무신론적 가치에 근거한 세속주의 이렇게 두 가지 관점을 토론의 쟁점으로 다룰 수 있다. 서로 다른 세계관인 종교주의와 세속주의를 제시함으로써 학생들은 자신의 특정 종교 신앙

또는 세속적 삶의 방식에 대한 이해와 상호존중을 배우게 된다. 또한, 학생들은 이 두 가지 관점을 중심으로 나선형 학습 구조의 원리를 활용하여 종교적 관점의 지평을 넓혀 가게 된다.

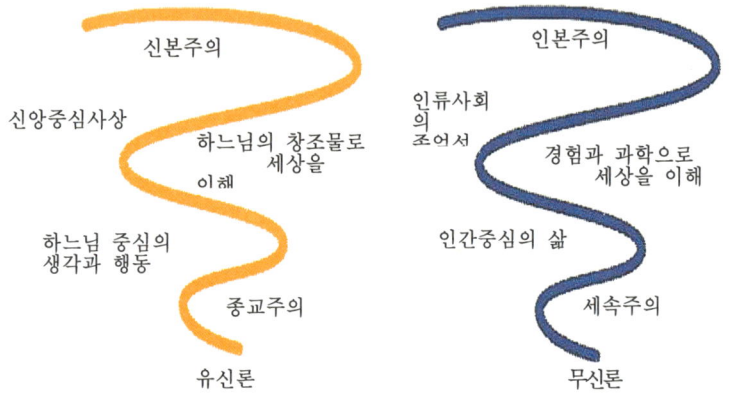

'신의 존재' 유무에 따른 '종교의 지평'

내용의 이해를 돕기 위해 종교주의와 세속주의 관점을 과학과 윤리 영역에 각각 적용하여 이를 심화하고 확장하는 예를 들어보자.

먼저 과학, 자연 영역으로 접근하여, 신에 대한 믿음을 강조하는 종교주의는 세상의 모든 것들을 하느님의 창조물로 인지하며, 반대로 무신론적 또는 세속주의는 경험적 증거와 과학적 방법을 통해 세상을 이해하고자 함을 학습할 수 있다.

다음으로 윤리 영역으로 접근하여 종교적 관점의 지평을 넓혀 보기로 하자. 신의 존재에 대한 입장 차이는 윤리적 의사결정 과정과 도덕발달에 중요한 역할을 한다. 종교주의는 신본주의로 이어지는데, 신본주의는 인간중심 사상이 아닌 신앙중심 사상이다. 이는 하느님을 모든 것에 우선하는 것으로 하느님 중심의 생각과 행동이자, 하느님 말씀에 순종하는 삶이며, 이로부터 도덕적 원칙이 도출된다. 반면에 세속주의는 인간이 중심이 된다는 인본주의적 가치에 기초하여 신의 존재를 부정하거나 반대하는 입장을 펼친다. 세속적 인본주의는 모든 사상의 중심이 인간이기 때문에 인류 사회의 존엄성 및 인간이 주체가 되는 삶을 강조한다. 종교나 신이 없어도 인간의 이성이 윤리적 의사결정의 기준이 된다.

학생들은 이런 학습과정을 통해 탄탄한 논리를 갖추어 자신의 종교관 및 세계관을 전개할 수 있게 된다. 학생들이 '종교의 지평'을 탐험할 수 있도록 교사는 종교적 해석뿐만 아니라 사회와 문화적 현상도 함께 읽을 수 있는 시각을 제공하는 방식으로, '질적 다원주의'에 기초하여 2단계를 설계해야 할 것이다.

3단계: 지평의 통합(The Horizons Engaged)

2단계에서는 종교적 관점의 큰 흐름과 그에 따른 다양한 스펙트럼인 문화, 가치관, 사회 현상들을 알아보았다. 동시에 종교적 관점의 차이와 의견 불일치는 사회적 긴장, 적대감, 그리고 이념적 분열과 같은 잠재적 갈등요인으로 이어질 수 있음을 이해하였다. 2단계에서는 학습자들이 종교의 세계를 확장함으로써 복합적인 관점의 지평이 만나 새로운 지평이 형성되도록 하였다. 이제 마지막 3단계인 '지평의 통합'에서 우리가 달성하고자 하는 목표를 살펴보자. 교사는 종교 문해력을 키우기 위해 학생들에게 자신의 지평을 넘어서는 새롭게 확장된 지평에 필요한 기본적인 소양과 역량을 길러 주고자 한다. 이러한 필수적 능력 중에서 '신학과 철학에 기초한 비판적 사고'와 '합리적 대화'는 핵심적인 요소이다.

첫째, 신학과 철학에 근거한 비판적 사고

학생들은 자신의 종교관과 세계관을 단순히 설명하고 주장하는 것을 넘어서, 종교와 사회, 문화, 정치 생활의 전반적인 교차점을 신학과 철학의 렌즈를 통해 바라보게 된다. 그리고, 어떤 특정 설명이 참인지를 식별하고 분석할 수 있는 영성을 기르게 된다.

예를 들어, 1단계와 2단계에서 다뤘던 '신의 존재'라는 주제를 3단계에서는 어떻게 적용할 수 있는지 살펴보자. '신은 존재한다'와 '신은 존재하지 않는다'라는 두 진영 간의 관점의 차이는 다양하면서도 복잡한 논점들을 야기해 왔다. 3단계에서는 유신론적·무신론적·불가지론적 입장을 넘어, 신에 대한 특정 설명이 진실인지에 대한 질문을 제기하고 탐구한다. 학생들은 단순히 자신의 종교적 신념을 확인하는 데 그치지 않고, 다른 이들이 '왜' 그렇게 생각하는지, 그 주장이 참인지에 대해 신중히 생각한다. 이때 교사는 학생들에게 신에 대한 여러 사상과 믿음을 일률적으로 나열하지 않도록 유의해야 한다. 또한, 평가 기준이 불명확하거나 선택 기준이 모호한 경우, 학생 개인의 취향과 성향에 의하여 자신의 종교관을 선택하지 않도록 주의를 기울여야 한다.

둘째, 새로운 지평 확장을 위한 대화

대화를 통해 학습자 자신의 믿음과 다른 사람의 종교적 신념 및 사상에 관한 다층적 맥락을 이해하고, 정보에 입각한 의사소통을 함으로써 종교 문해력을 키우고 영성발달을 돕는다. 이러한 대화는 다른 관점들의 지평을 아우르는 기본 소양으로 강조되어, 다원화 사회에서 종교 간의 평화 공존을 촉진한다. 결과적으로, 다양한 지평들이 만나 새로운 지평으로 연결되고 확장되는 '지평의 통합'의 장이 펼쳐진다.

◈ 비판적 영성 종교교육의 한계 및 평가

그리스도교, 유다교, 이슬람교와 같은 아브라함 계통의 종교는 오직 하나의 신만을 믿는 유일신 신앙의 형태를 갖추고 있다. 유일신교 또는 일신교의 전통은 신앙의 전승, 믿음의 영성을 물려주는 삶을 중요시한다. 특히, 모세오경에 구체화된 것처럼 하느님과의 언약의 역사는 세대에서 세대로 전해져야 한다고 성경은 가르친다.

> 오늘 내가 너희에게 명령하는 이 말을 마음에 새겨 두어라. 너희는 집에 앉아 있을 때나 길을 갈 때나, 누워 있을 때나 일어나 있을 때나. 이 말을 너희 자녀에게 거듭 들려주고 일러 주어라. (신명 6,6~7)

그리스도교는 믿음의 유산을 물려주는 신앙교육이 이루어져야 된다고 여기며, 이를 위해 주입식(Indoctrination: 교의, 사상 등의 가르침) 전달 방식을 중요시해왔다. 다소 논란의 여지가 있지만, 효과적인 영성교육을 위해서는 그리스도교 전통에 따라 일종의 세뇌 또는 주입식 교육방법이 신앙을 위한 필수이자 불가피한 요소라고 일부 학자들은 지적하고 있다. 종교문화와 진리의 전수를 위하여 성경 암송, 묵주 기도와 같이 일정한 기도문을 외워 되풀이하여 바치는 영성훈련 방법은 주입식 교육방법을 근간으로 역사적으로 이어져 내려왔으며, 이는 영적 성장과 변화를 이끌어 내기 위해 꼭 필요하다고 여겼다. 특히, 종교적 이념과 정신을 바탕으로 하는 종립학교에서는 고유한 영적 가치와 훈련 전통을 다음 세대에 전수해야 할 책임이 있다고 주장한다. 그러나 이러한 주입식 교육법에 대해서는 논란의 여지가 있다. 이는 종교적인 교리를 강제로 주입하는 것으로 여겨져 시대에 뒤떨어진 교육 방식이라고 비판받고 있다. 일부 학자들은 이를 자유와 관용의 원칙에 반하는 것으로 여기며, 현대의 문화 다원주의 관점에서 비난과 질타를 받고 있다.

무엇보다 학교의 종교교육은 고유한 종교문화를 전달하고 뿌리 깊은 역사를 간직한 영적 가치를 소개하여야 한다. 따라서 교사도 전통적인 영적 규범의 특징을 이해하고 존중하여 학생들에게 영성지도를 할 의무가 있다. 많은 종교학자가 지적한 대로, 오늘날의 교육 이론과는 역행하여, 때로는 영성의 모호성을 해결하기 위해서는 오히려 오래된 전통적 교육훈련 방법으로 가르치는 것이 효과적일 때가 있다는 점을 교사는 인지하고 있어야 한다.

비판적 영성 종교교육은 민감하면서도 초월적인 영성을 이해하는 데 중요성을 부여하고 있다. 이러한 관점은 아우구스티노 성인(St Augustine, 354~430 CE)이 남긴 『고백록』을 통하여 인간의 내재적 영성에 주목할 수 있다. 그는 신앙과 이성, 신학과 철학의 관계를 다루며, 신의 존재에 대한 심오한 고찰과 신앙의 이해를 넓히는 데 큰 역할을 하였다. 아우구스티노 성인은 "여러 군데에서 하느님을 찾다가 자신 안에서 하느님을 발견했다"(Wright 1996, p.139)라는 고백으로 자신의 내재적인 영성을 강조하였다. 이는 외부에서가 아니라 우리 안에서 진리를 발견하고, 내면의 깊은 곳에서 하느님을 찾아 영성의 삶을 살아야 한다는 의미이다.

> 영혼이 당신을 떠나 돌아서서(abs te) 당신 밖에서(extra de) 순수하고 깨끗한 것을 찾으려고 할 때 곧 외도를 하는 것이 됩니다. 그러나 그 영혼이 당신께로 다시 돌아가기까지는(ad te) 그것을 찾을 수가 없습니다.
> (아우구스티노의 『고백록』, 제1권 15장)

아우구스티노 성인의 『고백록』을 돌아보며, 사람은 영혼을 지닌 영성적 존재임을 깨닫고, 이를 통해 영적 감수성을 키우며 성숙한 영성과 신앙을 발전시킬 방향을 모색할 수 있다. 아우구스티노의 고백은 어떻게 하느님과의 깊은 연결을 찾는지에 도움을 주며, 내면의 존재적 탐색을 향한 청사진으로 작용할 수 있다.

토론활동

- 영성 문해력을 강화하기 위한 헤이와 나이의 세 가지 범주(인지/신비/가치)의 감각 중에서 어떤 범주가 가장 중요하다고 생각하는가? 그 이유는 무엇인가?
- 학습자 중심 교육과 삼위일체 영성의 상충되는 측면은 무엇인가? 이를 극복하기 위한 방안은 무엇인가?
- 종교 문해력이란 무엇이며, 왜 다양한 종교와 문화가 공존하는 사회에서 이 능력이 중요한가?

/참/고/문/헌/

- Ayer, A.J. 1952. *Language, truth, and logic* (Vol. 10). Courier Corporation.
- Benedict XVI. 2004. *Truth and tolerance: Christian belief and world religions.* Ignatius Press.
- Berryman, J. 2006. "Playful orthodoxy: Religious education's solution to pluralism." In Bates, D./Durka, G./Schweitzer, F. *Education, religion and society: Essays in honour of John M. Hull.* New York: Routledge. pp.205~217.
- _____. 2012. *The complete guide to Godly Play.* Vol. 8. Denver: Living the Good News.
- Chesterton, G.K. 1950. *'The revival of philosophy' in The Common Man.* London: Sheed and Ward.
- Cooling, M. 1998. *Jesus through Art.* Norwich: Religious and Moral Education Press.
- Cooling, T. 2000. "The Stapleford Project: Theology as the Basis for Religious Education." In *Pedagogies of Religious Education.* edited by M. Grimmitt, pp.153~169. Great Wakering: McCrimmons.
- _____. 2017. "Formation and Christian Education in

Eng- land." In *Christian Faith, Formation and Education.* edited by R.S. Buttle/J. Shortt, pp.115~130. London: Palgrave Macmillan.
- Copley, T./Walshe, K. 2002. *The Figure of Jesus in Religious Education.* Exeter: Univ. of Exeter.
- Donaldson, M. 1992. *Human minds: An exploration.* Allen Lane/Viking Penguin.
- De Caussade, Jean-Pierre. 1959. "SJ, Self-Abandonment to Divine Providence." Translated by Algar Throld. Springfield, IL: Templegate.
- Elshtain, M.B. 1994. "Catholic social thought, the city, and liberal America." In *Catholicism and liberalism: contributions to American public philosophy.* New York: Cambridge Univ. Press.
- Fowler, J.W./Dell, M.L. 2006. "Stages of faith from infancy through adolescence: Reflections on three decades of faith development theory." In *The handbook of spiritual development in childhood and adolescence,* pp.34~45.
- Gadamer, H.G. 2013. *Truth and Method.* London: Bloomsbury Academic.
- Goldman, R. 1964. *Religious Thinking from Childhood to Adolescence.* London: Routledge.
- Grace, G. 2003. "Leadership in Catholic schools." In *The contem- porary Catholic school.* Routledge, pp.75~94.
- Grimmitt, M. 1987. *Religious Education and Human Development.* Great Wakering: McCrimmons.
- _____. 2000. *Pedagogies of Religious Education.* Great Wakering: McCrimmons.
- Groome, T. 1991. *Sharing Faith: A Comprehensive Approach to*

Religious Education & Pastoral Ministry. San Francisco: Harper San Francisco.
- _____. 1998. *Educating for life: A spiritual vision for every teacher and parent.* New York: The Crossroad Publishing Company.
- _____. 1999. *Christian Religious Education: Sharing Our Story and Vision.* (2nd ed.) San Francisco: Jossey-Bass.
- _____. 2011. *Will there be faith: depends on every Christian.* Dublin: Veritas Publications.
- Hardy, A. 1979. *The Spiritual Nature of Man.* Oxford: Clarendon Press.
- _____. 1996. *The Divine Flame,* London: Collins.
- Hay, D. 1990. *Religious Experience Today: Studying the Facts.* London: Cassell.
- _____. 1994. "'The biology of God': What is the current status of Hardy's hypothesis?" In *International Journal for the Psychology of Religion,* 4(1), pp.1~23.
- Hay, D./Nye, R. 1996. "Investigating children's spirituality: the need for a fruitful hypothesis." In *International Journal of children spirituality,* 1(1), pp.6~16.
- _____. 2006. *The spirit of the child.* Jessica Kingsley Publishers.
- Hession, A. 2015. *Catholic primary religious education in a pluralist environment.* Dublin: Veritas.
- Ignatius. (of) Loyola. 2007. *The spiritual exercises of St. Ignatius of Loyola.* Cosimo, Inc.
- Ipgrave, J. 2013. "From Storybooks to Bullet Points: Books and the Bible in Primary and Secondary RE." In *British Journal of Religious Education* 35(3), pp.264~281. doi:10.080/01416200.2012.750597.

- Irish Episcopal Conference. "Catholic preschool and primary religious education curriculum for Ireland." (2015).
- Jackson, R. 1997. *Religious education: An interpretive approach.* Hodder.
- _____. 2000. "The Warwick Religious Education Project: The Interpretive Approach to Religious Education." In *Pedagogies of Religious Education,* edited by M. Grimmitt, pp.130~152. Great Wakering: McCrimmons.
- _____. 2013. *Rethinking religious education and plurality: Issues in diversity and pedagogy.* Routledge.
- _____. 2014. ed. *Religion, education, dialogue and conflict: Perspectives on religious education research.* Routledge.
- _____. 2018. *Religious education for plural societies: The selected works of Robert Jackson.* Routledge.
- McCreery, E. 1994. "Towards an understanding of the notion of the spiritual in education." In *Early Child Development and Care,* 100(1), pp.93~99.
- Migrantes Caritas Christi, Erga. 2004. "Pontifical Council for the Pastoral Care of Migrants and Itinerant People." In *Instruction: Erga migrantes caritas Christi* (The love of Christ towards migrants).
- Nye, R. 2014. *Children's Spirituality.* Canterbury Press.
- Palmer, P.J. 2000. *To know As We are Known,* 이종태 옮김, 『가르침과 배움의 영성』, 서울: IVP.
- Popper, K. 2005. *The logic of scientific discovery.* Routledge.
- Ricoeur, P. 1974. *The conflict of interpretations.* Evanston, ILL: Northwestern Univ. Press.
- _____. 1991. *From Text to Action: Essays in*

Hermeneutics. Evanston: Northwestern Univ. Press.
- _____. 1995. *Figuring the sacred: Religion, narrative, and imagination.* Fortress Press.
- Rossiter, G. 2010a. "A case for a 'big picture' re-orientation of K-12 Australian Catholic school religious education in the light of contemporary spirituality." In *Journal of Religious Education,* 58(3), pp.5~18.
- _____. 2010b. "Religious education and the changing landscape of spirituality: Through the lens of change in cultural meanings." In *Journal of Religious Education,* 58(2), pp.25~36.
- Smart, N. 1998. *The world's religions.* Cambridge Univ. Press.
- Soskice, J. 1985. *Metaphor and Religious Language,* Oxford: Clarendon Press.
- Thatcher, A. 1991. "A critique of inwardness in religious education." In *British Journal of Religious Education* 14.1, pp.22~27.
- _____. 1996. "'Policing the sublime': A wholly (holy?) ironic approach to the spiritual development of children." In Astley, J./Francis, L.(Eds.), *Christian theology and religious education: Connections and contradictions* (pp.117~139). London: SPCK.
- Wright, A. 1998. *Spiritual Pedagogy a Survey, Critique and Reconstruction of Contemporary Spiritual Education in England and Wales.* Culham College Institute.
- _____. 2001a. "Dancing in the fire: A deconstruction of Clive Erricker's postmodern spiritual pedagogy." In *Religious Education* 96.1: 120~135.
- _____. 2001b. "Religious education, religious literacy and

democratic citizenship." In *The fourth R for the third millennium: Education in religion and values for the global future*. Lindisfarne Books, pp.201~219.
- ⎯⎯⎯⎯. 2003a. *Religion, education and post-modernity*. Routledge.
- ⎯⎯⎯⎯. 2003b. *Spirituality and education*. Routledge.

/찾/아/보/기/

ㄱ

가치 중립 122, 135, 137, 139
가톨릭 윤리 51, 52
가톨릭 전례력 57, 68
가톨릭 주간(Catholic School Week) 57
가톨릭적 영성 27~30
가톨릭적 특수주의 23, 24
경험세계 76, 98, 99, 100, 106
계몽사상 117
계속성과 계열성 141
계시종교 48
고백록 14, 151, 152
공통점과 차이점 114, 117, 121, 122, 123, 126
관용과 포용 137
교사를 위한 종교교육 가이드라인 60~61
교육의 중대성(Gavissimum Educationis) 25, 26
교육학적 영성 32~35
교황 베네딕토 16세 42
교황 첼레스티노 1세 16
그레이스, 제럴드(Grace, G.) 25
그룸, 토마스(Groome, Thomas H.) 11, 62, 65, 67, 72

그리밋, 마이클(Grimmitt, Michael) 108
그리스도교 전통(Christian Tradition) 15, 63, 118, 119
근본주의적 그리스도교 137
기도는 곧 신앙(Lex orandi, lex credendi) 16~17
기쁨과 희망(Gaudium et spes, 사목 헌장) 11, 12, 68

ㄴ

나선형 학습 77, 141~149, 152
내러티브 76, 91, 92, 93
내용중심 구조적(Content-structured) 108~110
뉴라이트(New Right) 25
뉴에이지적 영성 41, 81

ㄷ

다양성 23, 24, 41, 57, 77, 84, 114, 115, 116, 117, 120, 121, 122, 126, 128, 129, 130, 131, 138
다원주의 23, 123, 140
다종파 학교 55
대처(Thatcher) 36, 37
대화 중심 학습 126
데카르트(Descartes, René) 45, 46
도날슨(Donaldson, M.) 86
도덕적 무정부상태 51
동화(Assimilation) 121, 122

ㄹ

라너, 칼(Rahner, Karl) 135
라이트, 앤드류(Wright, Andrew) 42, 52, 77, 131, 132, 134, 136, 137
로고스 27, 28
로지터(Rossiter, G.) 37, 38, 40
루아흐(Ruah) 36

리쾨르, 폴(Ricoeur, Paul) 46, 47, 48

ㅁ

맥크리리(McCreery, E.) 36
맹목적인 믿음 138
모세오경 150
무관심적 상대주의 137
무신론 81, 134, 142, 143, 144, 146, 147

ㅂ

베리맨, 제롬(Berryman, Jerome) 69
보편적 영성 40
보편적 형제애 24
보편주의 117, 131, 132
불가지론 134, 139, 142, 143, 144, 145
불교 41, 42, 80, 81, 82, 86, 122, 13, 124, 136
브래드퍼드, 존(Bradford, John) 33~35
비교론적 시각 122
비교와 대조 121
비판적 사고 115~116, 125, 126, 129, 148
비판적 영성 종교교육 77, 136~141, 142, 144, 149~152

ㅅ

삶에서 신앙으로, 다시 삶으로(Life to Faith and Faith to Life) 65, 72
삼위일체 영성 135~136, 152
상대적 진리성 138
상상적 관상 91
상징과 은유 46, 47, 48, 90
성 요한 바오로 2세 교황 23, 24
성 이냐시오 로욜라(St. Ignatius of Loyola) 18
성령의 경이로움 28, 70

성찰 15, 18, 19, 20, 33, 77, 124~127, 128
성찰적 사고 115
성체 찬미가(Adoro Te Devote) 29
세속주의 117, 146, 147
스마트, 니니안(Smart, Ninian) 80
신성과 세속성 133
신앙고백적 종교교육(Confessional religious education) 53~72(53, 58, 61, 62, 72), 139
신앙의 신비 136
신앙인의 정체성 120
신의 존재 45, 50, 142, 143, 144, 145, 146, 147, 148, 151, 152
신정통주의적 그리스도교 138
신중심적(Theocentric) 세계관 60
신학개념 76, 96, 97, 98, 99, 100, 104, 106, 109, 111, 112

ㅇ

아우구스티노 성인(St. Augustine) 14, 151, 152
양적 다원주의(Quantitative pluralism) 137, 145
에이어(Ayer, A.J.) 50
에큐메니즘(Ecumenism) 23, 61
엘 그레코(El Greco) 101, 102, 103
엘쉬타인(Elshtain, M.B.) 22
엠마오로 가는 길 65
영성 132~135
영성 문해력(Spiritual Literacy) 132~135, 152
영성의 잠재력 139
영성적 경험 29, 32
영적 가치 14, 150, 151
영적 감수성 134, 152
영적 민감성(Spiritual sensitivities) 91, 133, 134
영적 전통 135

예루살렘 성전 정화 97, 98, 99
오키프, 조셉(O'Keefe, Joseph) 15
옵트 아웃(opt out) 56~57
유신론, 무신론, 불가지론 144, 145, 148
유일신 신앙 150
의심의 해석학(Hermeneutic of suspicion) 45
이냐시오의 영성수련(Spiritual Exercises of St Ignatius) 19, 91
이모티비즘(Emotivism) 50, 51
이민들을 향한 그리스도의 사랑(Erga Migrantes Caritas Christi) 22, 23
인간의 내재적 영성 151
인지 감각, 신비 감각, 가치 감각 133

ㅈ

자유주의 교육 131
자유주의 종교교육관 131, 136
자유주의적 그리스도교 137~138
잭슨, 로버트(Jackson, Robert) 77, 113, 132
정당한 분노 99, 100, 101, 109
종교 다원주의(Religious Pluralism) 23, 24, 41, 42, 131, 137, 138
종교 문맹 140
종교 문해력(Religious Literacy) 77, 140~141, 142, 148, 149, 152
종교로부터의 학습(Learning form Religion) 108~110
종교에 관한 학습(Learning about Religion) 108
종교에 대한 본질주의적 교육 철학 140
종교의 질적 다원주의 136~138
종교적 근본주의 132
종교적 방임주의 138
종교적 세계 48, 77, 115, 121, 122, 128
종교적 언어 48
종교적 전통(Religious Tradition) 37, 41, 62, 114, 118, 119, 120, 128, 133

종교적 해석 46, 117, 131, 145, 147
주입식 교육법 150
지금 바로 이 순간의 성사 30~32
질적 다원주의(Qualitative Pluralism) 137, 145

ㅊ

체스터턴(Chesterton, G.K.) 28
체험중심 종교교육 75, 76, 79~93, 132
초등 종교교육의 목적 58, 59~60
초월성(transcendence) 38, 43
초월적 영성 41
최후의 심판자 예수 그리스도 101

ㅋ

코사드, 장 피에르 드(Caussade, J.P. de) 30, 31
쿨링, 트레버(Cooling, Trevor) 76, 95

ㅌ

탈종교적/초종교적 영성 42
탈주술화(Disenchantment) 43
테일러, 찰스(Tayor, Charles) 43, 44
토마스 아퀴나스 성인 29
통일성과 연속성 144

ㅍ

파머, 파커(Palmer, Parker J.) 32
파울러, 제임스(Fowler, James W.) 32
포퍼, 칼(Popper, Karl) 84
폰테본, 리노(Pontebon, Lino) 101, 103, 104
표현·해석·성찰의 3중 구조 77, 117, 128

ㅎ

하나 되게 하소서(Ut Unum Sint) 23, 24
하느님과의 일치 30, 31
하느님의 섭리 31, 32, 107
학습자 중심 교육 136, 152
할데인(Haldane) 30, 32
함께 나누는 그리스도인 프락시스 62~67
해석 37, 47, 48, 50, 64, 76, 77, 83, 84, 85, 104, 108, 110, 121~124, 125, 128
해석학적 종교교육 77, 113~130 (113, 116, 117, 119, 121, 128)
헤슨(Hession) 61
현상학적 접근(phenomenological approach) 76, 79, 95, 116
현실주의적 종교교육 철학 140
활동 중의 관상(Contemplation in action) 19
회의주의 45, 144

■

Educate Together 학교 55
Godly Play 영성교육 67~71

영혼의 성장을 위한
가톨릭교육

초판 1쇄 발행 2024. 12. 24.

지은이 조진민
펴낸이 김병호
펴낸곳 주식회사 바른북스

책임편집 주식회사 바른북스 편집부

등록 2019년 4월 3일 제2019-000040호
주소 서울시 성동구 연무장5길 9-16, 301호 (성수동2가, 블루스톤타워)
대표전화 070-7857-9719 | **경영지원** 02-3409-9719 | **팩스** 070-7610-9820

•바른북스는 여러분의 다양한 아이디어와 원고 투고를 설레는 마음으로 기다리고 있습니다.

이메일 barunbooks21@naver.com | **원고투고** barunbooks21@naver.com
홈페이지 www.barunbooks.com | **공식 블로그** blog.naver.com/barunbooks7
공식 포스트 post.naver.com/barunbooks7 | **페이스북** facebook.com/barunbooks7

ⓒ 조진민, 2024
ISBN 979-11-7263-889-4 03230

•파본이나 잘못된 책은 구입하신 곳에서 교환해드립니다.
•이 책은 저작권법에 따라 보호를 받는 저작물이므로 무단전재 및 복제를 금지하며,
 이 책 내용의 전부 및 일부를 이용하려면 반드시 저작권자와 도서출판 바른북스의 서면동의를 받아야 합니다.